JN290374

英語学モノグラフシリーズ 19

原口庄輔／中島平三／中村　捷／河上誓作　編

認知文法の新展開
カテゴリー化と用法基盤モデル

早瀬　尚子
堀田　優子　著

研 究 社

まえがき

　本書は，認知言語学の重要な研究テーマであるカテゴリー論と，それに基づく文法理論である用法基盤モデル（Usage-Based Model）について概説したものである．このモデルに従えば，文法の知識は，カテゴリー化能力を駆使して言語経験からボトムアップ式に組み上げられていくものと考えられている．

　第1章「カテゴリー論の展開」では，カテゴリー論に関する研究史を簡単に追い，その言語学的応用事例を観察する．カテゴリーがネットワークを形成するという考え方に基づき，語の多義性や音韻現象がどのように説明されるかが示される．

　第2章「用法基盤モデルの理論的背景」では，このモデルの理論的な背景について，その基本的言語観もあわせて概説する．このモデルは「使用されている現実の状態」としての言語を研究対象とし，言語が使用されている環境や，使用している人間といった言語外的な要素も考慮に入れるものである．対極とされる生成文法的な言語観との比較を通じて，用法基盤モデルが目指そうとしているものが明らかにされる．

　第3章「用法基盤モデルの諸側面」では，用法基盤モデルで用いられる基本的な概念を導入する．カテゴリー化に必要とされる能力が，どのようにして文法という複雑な知識を構成すると考えられるかが，心理学・認知科学的背景とともに説明される．

　第4章「用法基盤モデルにおける文法知識の形成」では，第3章での考え方をもとに，用法基盤モデルで文法知識がどのように形成されていくのかを検討する．また，「頻度効果」および「類推」という概念を導入し，これらの概念が言語カテゴリーの変化を推進していく力となりうることが示される．

文法表現は，その種類もさまざまであるが，全体として大きな構文カテゴリーを形成していると考えられる．第5章「創造的カテゴリー」では，この構文カテゴリーが新しい表現を認可して拡張していく過程が，主として共時的な観点から概観される．

　第6章「変容するカテゴリー」では，通時的に変化をみせた構文表現を取り上げ，その歴史的変容を用法基盤の観点から概観する．言語変化は一部の具体的な語彙を伴った具体的な構文から始まり，次第にその表現可能な範囲を変えていく．その際に，頻度効果や類推といった言語外的な要因が絡んでいることを明らかにし，言語を使用者と密接にかかわる存在として捉えることで，ダイナミックな言語の姿が説明できることを見ていく．

　第7章「形成されるカテゴリー」では，子どもが生まれ落ちてから母語を操るようになるまでの言語知識の形成過程が，用法基盤モデルの観点からどのように研究され，説明されうるのかが概観される．

　第7章までに見てきた用法基盤の考え方は，母語話者としての言語直観にもっぱら依存して研究を進めてきた従来の理論言語学の研究方法や研究姿勢に見直しを迫ることになる．第8章「認知言語学的手法再考」では，特に認知言語学の中でのこれまでの研究に対する批判的な見解を提示し，望まれる改善の方向が示される．

　本書で示されたカテゴリー論と用法基盤モデルによる認知文法の考え方が将来有望であるかどうかは，今後の研究を待たなければならない．歴史言語学やコーパス言語学，さらには隣接する発達心理学，認知心理学などの成果や，それらとの共同研究を通じて検証を続けていくことが必要であろう．今後の発展が期待されるところである．

　執筆にあたっては，「はじめに」と第1章を堀田(ただし，1.2.5節，1.4.2節は堀田・早瀬，1.3.4節は早瀬・堀田，1.4.1節は早瀬)が，第2章から「おわりに」までを早瀬(ただし，5.1節は堀田)が担当し，部分的修正や全体的な調整は早瀬が行なった．

　2005年6月

編　者

目　　次

まえがき　iii

はじめに：言語とカテゴリー化　1

第1章　カテゴリー論の展開 ── 5
  1.1　古典的カテゴリー観　5
  1.2　古典的カテゴリー観を超えて　7
    1.2.1　共通属性の抽出　7
    1.2.2　家族的類似　9
    1.2.3　ファジーな境界　11
    1.2.4　焦　点　色　12
    1.2.5　ヘッジ表現　13
    1.2.6　カテゴリーの可変性：コンテクストとの関係　14
    1.2.7　ま　と　め　16
  1.3　プロトタイプ理論　17
    1.3.1　プロトタイプ　17
    1.3.2　基本レベル・カテゴリー　21
    1.3.3　プロトタイプに基づくカテゴリー観：放射状カテゴリー　25
    1.3.4　プロトタイプ・カテゴリー観の問題点　27
  1.4　スキーマに基づくカテゴリー観　29

1.4.1　スキーマとカテゴリー　29
　　　1.4.2　ネットワークとしてのカテゴリー　30
　　　1.4.3　意味ネットワーク：動詞 run を例に　36
　　　1.4.4　音韻ネットワーク　39
　　1.5　結　　語　51

第2章　用法基盤モデルの理論的背景 ──── 52
　　2.1　生成文法の言語理論　54
　　2.2　認知言語学的アプローチの守備範囲　57

第3章　用法基盤モデルの諸側面 ──── 63
　　3.1　言語に関わる心理的現象　64
　　3.2　記号体系のネットワークとしての文法　68
　　3.3　ネットワークにおけるプロトタイプ　69
　　3.4　ネットワークにおけるスキーマ　71

第4章　用法基盤モデルにおける文法知識の形成
　　　　　　　　　　　　　　　　　　　　　　75
　　4.1　「創発」の考え方　75
　　4.2　頻　度　効　果　78
　　4.3　トークン頻度とその効果　81
　　　4.3.1　トークン頻度の保守化効果　82
　　　4.3.2　トークン頻度の縮約効果　97
　　4.4　タイプ頻度の生産性効果　103
　　4.5　スキーマの競合と可変性　107
　　4.6　類推について　109
　　　4.6.1　類推に関わる類似性　110

4.6.2　-er 名詞について　112
　4.7　ま　と　め　114

第5章　創造的カテゴリー：共時的観点から ── 117
　5.1　複合語とカテゴリー化　117
　5.2　生産的な語形成：混成語について　120
　5.3　パロディ的拡張表現　124
　5.4　ま　と　め　128

第6章　変容するカテゴリー：通時的観点から ── 130
　6.1　発達する構文カテゴリー：way 構文　130
　6.2　衰退をはらむ構文カテゴリー：二重目的語構文　136
　6.3　拡張する構文カテゴリー：have 構文と（原形）不定詞補部の発達　140
　6.4　創発するカテゴリー：英語の疑似モーダル表現　144
　6.5　ま　と　め　150

第7章　形成されるカテゴリー：言語獲得の観点から ── 151
　7.1　文化学習としての言語獲得　152
　7.2　「動詞の島」仮説　158
　7.3　構文の概念と言語獲得　161
　7.4　「構文の島」と獲得の順序　162
　7.5　言語獲得初期における入力データの頻度効果と統語操作　164
　7.6　保守的学習からスキーマ抽出へ　167
　7.7　構文スキーマの立ち上げ　169

7.8　母語話者選択の謎　172
7.9　ま　と　め　176

第8章　認知言語学的手法再考 ─────── 178
8.1　頻度と母語話者直観との乖離　179
8.2　プロトタイプと獲得順序との乖離　184
8.3　コーパス言語学との接点　186
8.4　ま　と　め　188

お わ り に　190

参 考 文 献　193
索　　　引　207

はじめに： 言語とカテゴリー化

　私たちのまわりにはさまざまな事物が存在し，そこには潜在的に無限の情報が含まれている．私たちの生きている環境は思いのほか複雑で，そうした環境の中で遭遇するさまざまな物や出来事は，どれも厳密な意味でまったく同一のものであるとは言えない．しかし，私たちは1つ1つの物や出来事を，すべて別々のものごととして認識しているわけではない．もし仮にそうしているとすれば，あらゆることを固有名詞や識別番号などで呼ばざるをえなくなり，その語彙数は膨大なものになるだろう．これでは，記憶がいくらあっても足りず，他の人とのコミュニケーションもままならない．むしろ，得た情報をなんとか，少しずつまとめて，整理(分類)する必要がある．

　日常生活の中で遭遇するさまざまな物や事態を，私たちは「何か」として認識している．たとえば，スーパーである物を見て「リンゴ」だとわかるということは，当然リンゴがどういうものかを知っていることが前提になる．しかし，目の前のリンゴは，厳密には過去に見たどのリンゴとも同じものではない．大きさや形が違うかもしれないし，色も赤みが強かったり青みがかっていたりするかもしれない．しかし，こうした違いにもかかわらず，私たちは目の前のものを「リンゴ」として認識することができる．また，物にかぎらず，目の前で繰り広げられる出来事に対しても同じことが言える．たとえば，「子どもたちが走り回っている」行為と，「白いイヌが走り回っている」行為は，たとえば足の数もスピードもけっして同じではないが，そうした厳密には異なる身体運動であっても，私たちは同じ「走る」行為とみなすのである．

　こうした「認識する」，「わかる」という行為の背景には，カテゴリー化の能力が大きく関係している．**カテゴリー化**（categorization）とは，対象

となるいくつかの事物を比較し、そこから得られた共通性、一般性をもとに、あるまとまりに分類することであると言える。そうしたまとまり(カテゴリー)に名前をつけることで、私たちは、かなり詳しい具体的なレベルから一般的、抽象的なレベルに至るまでのさまざまなレベルで、多くのカテゴリーを作り出し、それらを利用して生活している。さらにカテゴリー化の対象となるのは、外部世界に存在する具体的な事物にかぎらない。「喜び」や「恐れ」など、私たちの心の中に存在する感情もカテゴリー化の対象となる。

　カテゴリー化は、「私たちがさまざまな経験を理解する際に主として用いる方法」である (the main way we make sense of experience (Lakoff 1987, xi))。大部分のカテゴリー化は、自然で意識されないものである。しかし、今までにない新しい経験をした際、私たちは既存のカテゴリーに修正を加えたり、必要なら新しいカテゴリーを作り出したりして、その経験を自分たちの理解の中に位置づけようとする。このような意味において、カテゴリー化は非常に柔軟性をもっていると言える。

　また、カテゴリー化は、言語においても非常に重要である。私たちの用いる語や概念の大半はカテゴリーを指すものであり、たとえば、「イヌ」という語を理解するということは、その語が〈イヌ〉にカテゴリー化されるすべてのものに対して用いられるということを理解することである。

　また、言語それ自体も、カテゴリー化の対象となる。たとえば、hat と言う場合、実際には [hæt^h] や [hæt$^\urcorner$] などと発音され、[t^h] (気音を伴う t) と [t$^\urcorner$] (外破のない t) の 2 つは物理的には異なる音である。にもかかわらず、英語の母語話者は同じ t の音であるとカテゴリー化している。また、dog や idea は〈名詞〉、run や sing は〈動詞〉、John broke the window. や Mary met her friends at the club. などは〈他動詞節〉というように、異なる言語表現が、同じ語彙的または統語的カテゴリーの例としてカテゴリー化される。

　こうしたカテゴリー化を行う能力、すなわち、さまざまな対象の中で、あるものを別のものと比べて類似性を見出し、それらを同じグループに分類する能力は、人間の最も重要な認知能力の 1 つである。こうしたカテゴ

リーを形成する利点をまとめると，以下のようになる (Rosch 1975b).

（1）a. 物事をカテゴリー化することによって，現実世界の複雑さを軽減できる．
    b. カテゴリー化は，現実世界の事物を認識するための手段である．
    c. カテゴリーが形成されると，絶えず習得する必要性が少なくなる．
    d. カテゴリー化によって，何が適切な行動かを決めることができる．
    e. カテゴリー化によって，事物の部類を順序づけたり関係づけたりできる．

　カテゴリー化が人間の基本的認知能力の1つであるということは，今では広く認められていることだが，私たちは日々無意識にカテゴリー化を行っているため，カテゴリーの本質については，長い間しごく単純に捉えてきた．カテゴリーの古典的な見解は，カテゴリーがすべての成員に共有される必要十分条件の集合によって規定されるものであり，したがって，カテゴリーの成員とそうでないものの区別ははっきりしているという考え方である．しかし実際には，こうした考え方ではうまく捉えられない多くのカテゴリーが存在することが明らかになってきた．

　カテゴリー化の研究は，20世紀に入り，大きな発展をとげた．中でも，心理学の分野で精力的になされ，特に，Roschによるプロトタイプ理論は認知言語学に大きな影響を及ぼしている（詳しくは第1章を参照のこと）．

　カテゴリーは無数に集積して，私たちの知識体系を作っている．認知的アプローチでは，プロトタイプやスキーマ，カテゴリー拡張といった概念を用いて，こうしたカテゴリーの本質を解明しようとしている．ここでの認知的な考え方を言語に応用すると，たとえば，鳥のカテゴリーとは，「鳥」ということばで指し示すことのできる概念の集合体であり，それがすなわち「鳥」という単語の意味とみなされる．

　さらに，このカテゴリーを，語より大きな単位である文のレベルで解釈し，応用することもできる．たとえば，二重目的語をとる文パターンのカ

テゴリーは，この文パターンをとりうる動詞とその参与者との組み合わせの集積として表される．そして，その中にも，基本的な用法とそうでないものが存在し，それらをプロトタイプとその拡張として分析することも可能である．このように，1つ1つの構文表現のカテゴリー構造を解明していくことは，ひいては私たちのもつ文法知識を明らかにしていくことにつながるのである．

第1章　カテゴリー論の展開

　認知言語学が依拠するカテゴリー観は，プロトタイプ・カテゴリー観である．それは，それまで西洋の学問の世界で古くからずっと採用されてきた古典的カテゴリー観への，アンチテーゼとして提唱されたカテゴリー観である．
　この章では，カテゴリーに関する研究が，古典的カテゴリー論からどのようにプロトタイプ・カテゴリー論へと変遷していったのかを概観する．また，プロトタイプ・カテゴリー論自体も批判的検討を受けて少しずつ変化をしていることを見たうえで，Langacker (1987, 1990, 2000) のカテゴリー化のモデルを用いて意味や音韻のネットワークについて述べる．

1.1　古典的カテゴリー観

　20世紀半ばに至るまで，哲学，心理学，言語学で主要な役割を果たしてきたカテゴリー観は，古くは古代ギリシアまで遡る．アリストテレスに端を発するカテゴリー観では，そもそも事物は，プリミティヴで普遍的な属性（弁別素性または意味素性と呼ばれる）により特徴づけられるものであり，カテゴリーは，いくつかの弁別素性の値を指定することによって定義され，作り出されると考えられてきた．このような見地は，「古典的カテゴリー観」と呼ばれている．
　このような古典的カテゴリー観に立てば，ある存在Xがあるカテゴリーの成員であるか否かは，そのカテゴリーを規定する必要十分な素性の条件をすべて満たしているかどうかで決まる．そのため，Xがカテゴリーに属するのか属さないのかがはっきりしており，カテゴリーの境界は明白であ

る．そして，カテゴリーの成員間で，あるものが他よりも優位であるというようなことはなく，資格に関して差はないと考えられる．

たとえば，〈三角形〉のカテゴリーを考えてみよう．下の図を見てほしい．

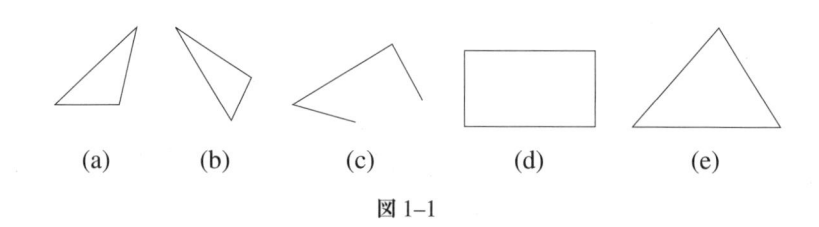

(a)　(b)　(c)　(d)　(e)

図 1–1

上記の図の中から「三角形」を選べと言われたら，普通なんの躊躇もなく (a) (b) (e) を選ぶであろう．〈三角形〉のカテゴリーは，「3 本の直線に囲まれた図形」と特徴づけられるカテゴリーである．よって，上記の図形の中からこの定義にあてはまる図形だけを，三角形の成員として選べばよい．つまり，図形 (a) (b) (e) と (c) (d) の間にははっきりとした境界が存在し，三角形とそうでないものに二分されるのである．また，三角形 (a) (b) (e) はどれも三角形であり，たとえば (a) が (e) より三角形らしい（またはその逆）ということはない．どれも三角形らしさにおいて，差はない．

同様に，言語的カテゴリーにおいても，たとえば，母音 [i] は [–consonantal, +vocalic, +high, +front, –rounded] という素性の集合によって，また，[BACHELOR]（未婚男性）の意味は [+human, +adult, +male, +unmarried] という素性の集合によって定義され，そうした素性の条件をすべて満たしているものだけが，各カテゴリーの成員であると考えられていた．したがって，その素性のうち 1 つでも満たしていなければ，そのカテゴリーの成員とはみなされない．たとえば子どもであれば，たとえ未婚でかつ男性であっても [+adult] の素性を満たしていないので，bachelor とは言えないのである．

1.2 古典的カテゴリー観を超えて

このように、「カテゴリーは、明確な境界をもち、すべての成員に共有される必要十分条件の集合によって規定される」とする古典的カテゴリー観は、2,000年以上もの間、自然科学だけでなく、哲学、心理学、言語学などにおいても広く基準となっていたカテゴリー観である。しかし、20世紀に入り、心理学、文化人類学、言語学、哲学などにおける研究が進み、古典的カテゴリー観では捉えられないカテゴリーが、多く存在することが指摘されるようになった。つまり、古典的カテゴリー論は、実際に私たちが行っているカテゴリー化の方法ではない、ということが明らかになってきたのである。

1.2.1 共通属性の抽出

アリストテレスの時代から、カテゴリーは、抽象的な容器のようなものであると想定されており、個々の事物がなんらかの共通の属性をもつ場合、そしてその場合にのみ同一のカテゴリーに属すると考えられていた。そして、事物に共通の属性がカテゴリーを決定するとみなされていた。

たとえば、〈鳥〉の成員に共通する属性について考えてみよう。[動物]、[卵を産む]、[2本足である]、[羽毛で覆われている]、[くちばしがある]、[翼がある]という属性が思い浮かぶ。ほかに、[飛べる]や[小さい]といった属性をあげる人もいるかもしれない。しかし、[飛べる]という属性に関していえば、例えばニワトリは羽をバタバタさせて多少身体を浮き上がらせることはできるが、スズメやツバメと同じ意味で飛ぶことはできない。ダチョウやペンギンにいたっては、まったく飛べない。また、大きさもさまざまで、スズメやツバメは小さいが、ダチョウやハクチョウはかなり大きい。しかし、ニワトリやダチョウも鳥である。したがって、〈鳥〉のカテゴリーを規定する必要十分条件的な共通属性には、[動物]、[卵を産む]、[2本足である]、[羽毛で覆われている]、[くちばしがある]、[翼がある]という属性が考えられ、[飛べる]や[小さい]という属性は含まれないことになる。しかし、私たちの直感として、[飛べる]という属性が鳥の重要な

属性の1つに感じられるのは，どうしてだろうか．子どもがコウモリを鳥とみなすのは，［飛べる］という特徴をもっているからにほかならない．

また，一方で，あるカテゴリーの共通属性をすべて満たしているにもかかわらず，そのカテゴリーに含まれないと判断される場合がある．よく引き合いに出される例であるが，bachelor（独身男性）という単語によって規定されるカテゴリーについて見てみよう（Fillmore 1982; Lakoff 1987）．bachelor の意味は，［+human］，［+adult］，［+male］，［+unmarried］という意味素性によって定義され，古典的カテゴリー観に立てば，この属性をすべて満たすものはすべて，bachelor として指示されることになる．しかし，ローマ法王はこれらの属性をすべて満たしているにもかかわらず，bachelor と呼ぶのはおかしな感じがするのはなぜだろうか．

こうした例とは逆のことが，古典的カテゴリー論に基づいた数学的定義に見られる．私たちが常に客観的な基準と照らし合わせて，対象をカテゴリー化しているわけではない例として，下の図を見てほしい．

図 1-2

これらの図形はどれも，「3本の直線に囲まれた図形」という三角形の数学的な定義を，厳密にすべて満たしているわけではない．それにもかかわらず，私たちはこれらの図形から，「三角形」の存在を見てとることができ，これらを三角形と呼ぶこともできる．

実際は，すべてのカテゴリーの成員に共通する属性を引き出し，カテゴリーを決定づけることは，そう簡単ではない．たとえば，身近な「野菜」の属性は何かと聞かれて，すぐに答えられるだろうか．キャベツやキュウリなど個々のものが野菜かどうかの識別は簡単にできても，「野菜」の属性をあらためて聞かれると，なかなかすぐには出てこない．

また，上で見たように，仮に共通属性を抽出したとしても，その中には

カテゴリーの決定に重要なものもあれば，それほどでもないようなものも存在する．また，共通属性を満たしているが，そのカテゴリーの成員であるとみなされない場合や，共通属性を満たしていないにもかかわらず，カテゴリーの成員とみなされる場合も存在する．このような場合は，古典的カテゴリー観ではうまく説明できないということになる．

1.2.2 家族的類似

　一見，古典的カテゴリー論があてはまりそうな事例は，たしかに存在する．しかし，私たちの生活を構成する圧倒的多数のカテゴリーには，古典的カテゴリー観では不都合な例が多々存在する．哲学者 Wittgenstein (1953) が，ドイツ語の Spiel（ゲーム，遊戯）を例に，この点を指摘したことはよく知られている．ドイツ語の Spiel で表されるカテゴリーには，ボードゲームやカードゲーム，球技，競技などが含まれる．しかしそれらの中に，古典的カテゴリー観が前提とする，すべてのゲームに共通する属性を見つけることは難しい．ボードゲームだけを例にとっても，オセロやチェスは，(a) 娯楽のために行う，(b) 暇な時間にする，(c) 競い合う，(d) 技量が必要である，という特徴をもっているかもしれないが，人生ゲームは，ルーレットの目によって勝負の行方がほとんど決まる，いわばスゴロクの一種なので，(d) 技量というより，(e) 運が関係する．一方，いちばん大金持ちになった人が優勝となるモノポリーでは，サイコロを使った (e) 運だけでなく，自分の資産を増やし，相手を破産させるための戦略を考える (d) 技量も，同時に必要である．また，オリンピック競技は，上記の (a)(b) の特徴にあてはまらないが，ドイツ語で Olympische Spiele（英語で Olympic Games）と言う．また，バスケットボールや野球などの競技の場合は，(a) 娯楽として (b) 暇な時間に行うというよりも，勝利を目的として (c) 競い合い，勝つために練習をつんで (d) 技を磨かねばならない．

　このように，あるゲームは他のゲームと共通したいくつかの属性を備えているが，別のゲームではそれと同じ属性を備えているとはかぎらない，ということが見てとれる．結局，〈ゲーム〉というカテゴリーの成員であ

るすべてのゲームを規定する，必要かつ十分条件などは，ないことになる．そこで，Wittgenstein は，さまざまなゲームが「**家族的類似**」（family resemblance）と呼ばれる類似性によって結びつき，1つのカテゴリーとしてまとまっていると主張した．「家族」は，複数の成員から構成されている．成員間を比べると，ある成員どうしは目が似ている，ある成員どうしは口もとや耳が似ている，ある成員どうしは目と鼻が似ている，というように，それぞれが似ている点はさまざまであるにもかかわらず，1つの「家族」というまとまりを形成している．けっして，すべての成員が，その家族を他の家族と区別するようなある共通の特徴をもっているわけではない．ドイツ語の Spiel の場合も，このような家族に見られる成員間の関係づけが見られるという．つまり，すべてのゲームに共通する属性の集合は存在しないが，ゲームの成員間の類似性が複雑に交差し，重なり合うことによって，1つの〈ゲーム〉のカテゴリーを形成しているのである．このような「個々の成員が家族的類似によって構造化されているカテゴリー」とは，たとえば下に図示するように，成員がそれぞれ部分的な類似点によって鎖状につながることで1つのまとまりを形成するカテゴリーであると言える．（図中の A から E はカテゴリーの成員を示す．）

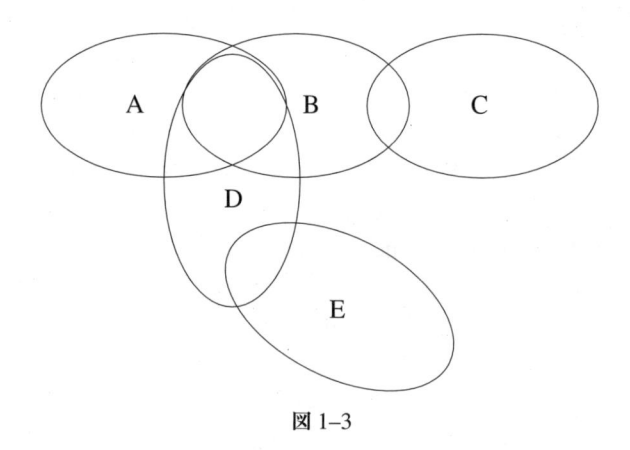

図 1–3

カテゴリーの成員が部分的な類似性によって連鎖的に関係づけられると

いうことは，カテゴリーの境界に関して言えば，それが固定的ではなく，動的で，拡張しうるということである．たとえば，〈ゲーム〉のカテゴリーの場合，テレビゲームやコンピュータ・ゲームが発明され，その名が示すとおり，既存のゲームとの類似性によって〈ゲーム〉のカテゴリーに入り，そのカテゴリーを広げる結果となった．今やそうしたゲームの普及率はめざましく，「ゲーム」と言えば，コンピュータ・ゲームやテレビゲームを指すようにまでなってきている．

　私たちのまわりでは，新しく生まれるものもあれば，廃れていくものもある．そのような場合，新たにカテゴリーの成員になったり，消失したりすることによって，カテゴリーが大きくなったり小さくなったりする．こうしたカテゴリー形成の動的な側面は，古典的なカテゴリー観では説明がつかない．カテゴリーは，それぞれの成員どうしが何かしらの共通性をもつことによって拡張し，カテゴリーとしての統一性を保っていきながら，時代とともに変化していくのである．

1.2.3　ファジーな境界

　古典的なカテゴリー観では捉えることができないカテゴリーが存在することは，さらに，社会言語学者の Labov (1973) の実験によっても裏づけられる (Labov (1973) より一部抜粋)．

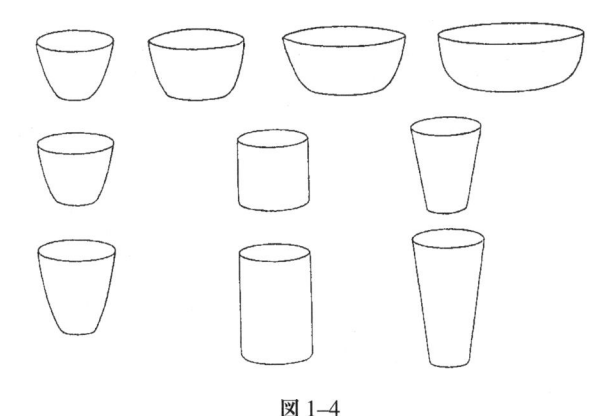

図 1–4

Labov は被験者に，図 1–4 のようなさまざまな形の容器の絵を見せて，⟨vase（花瓶）⟩，⟨cup（カップ）⟩，⟨bowl（ボール）⟩ のラベルをつけるよう指示した．その結果，ある形については被験者間でラベルの一致が見られたが，深さや口の広さなどの形が変わってくると，どこまでをそのカテゴリーの成員とみなすかは人によって判断が異なり，それぞれの境界がはっきりしなかった．また，同じ容器でも，持ち手がついたり，中に入れるもの(たとえば，花やコーヒー，マッシュポテトなど)が示唆されたりすると，異なるカテゴリーの成員とみなされる場合があった．たとえば，bowl とみなされていたものが，持ち手がつくことで cup と判断されたり，花が入ると想像することで，cup が vase とみなされたりしたのである．

以上のような実験から，⟨vase⟩，⟨cup⟩，⟨bowl⟩ にはそれぞれ，「典型的な形」が存在する一方，典型的な形とのずれが大きくなるにつれ，カテゴリーの境界線が明確でなくなること，つまり，それぞれのカテゴリーと融合して境界がはっきりしなくなる(「ファジー（fuzzy）である」)ことが実証された．また，カテゴリーの境界が固定的ではなく，形状や用途・機能などの条件によって変化しうることもわかった．

このように，あるカテゴリーの成員間に，典型的な成員とそうでない成員といったような，カテゴリーへの帰属度の違いが見られる点や，カテゴリーの境界がファジーである点は，古典的カテゴリー観では説明できない現象である(ただし，この点に関する後の展開としては 1.3.4 節を参照のこと)．

1.2.4 焦点色

色彩語に関する一連の研究（Berlin and Kay 1969; Heider（= Rosch）1971, 1972）は，新たなカテゴリー観を生み出すきっかけとなった研究としてよく知られている．

人類学者の Berlin と Kay は，異なる言語が色の違いをどのように表すかについて，大規模な研究を行った．私たち人間は，約 750 万の色の違いを識別できるとされるが，その連続した色彩をどのように区別し，命名するかによって，色彩語の数とそれらの語が指示する色の範囲は，言語に

よって異なる．(厳密には，同じ言語の話し手でも個人差が見られる．) 最も単純に,「明るい」「暗い」(あるいは「白」「黒」)に対応する2つの色名しかもたない言語もあれば，言語によっては，3つ，4つ，5つ，またはそれ以上の色名をもつものもある．また仮に，同じ色彩語が存在しても，その語のカテゴリーに属すると判断される色あいの範囲は，言語によって違いが見られる．(たとえば，日本語の「青」と英語の"blue"が指す色あいの範囲は，必ずしも一致しない．「青リンゴ」と言うが，英語では"blue apple"ではなく"green apple"が対応するといった場合がある．)

しかしながら，その色あいの範囲の中で典型的な色を選択してもらうと，言語に関係なく，きわめて高い一致が見られることがわかった．(つまり，日本語の「青らしい青」と英語の「blueらしいblue」はほぼ一致するのである．) このように，ある色彩語によって指示できる色の範囲は言語間で異なるものの，その範囲内に，典型的な色あい(**焦点色**)とそうでない色あいが存在し，成員らしさに違いが見られることが明らかになった．さらに，色彩語の指示領域の獲得は，こうした焦点となる典型的な色あいを通して行われる．

その後，Roschらの一連の研究(Rosch 1973, 1975b, 1978; Rosch and Mervis 1975, etc.)によって，色彩のカテゴリーの特徴の多くが，他のさまざまな事物のカテゴリーにもあてはまることが明らかになり，さらに，カテゴリーのプロトタイプ・モデル理論の成立へとつながっていく．そしてこのモデルは，認知言語学における言語構造自体のカテゴリー分析の，中心的な位置を占めるようになるのである．

1.2.5　ヘッジ表現

カテゴリーの成員間の帰属度に差があることは，言語学的な側面からも明らかにすることができる．たとえば，loosely speaking (「大雑把に言って」)，strictly speaking (「厳密に言うと」)，par excellence (「とりわけ」)などの修飾語をつけた場合，あるカテゴリーには中心的な成員と周辺的な成員があることが示唆される(Lakoff 1972)．このような，話し手が自分の言った内容に対してコメントする際に用いられる表現を，**ヘッジ表現**

(hedge;「垣根」）と呼んでいる．たとえば，ヘッジ表現なしでは少し判断に迷うような(1a)の例も，(1b)に示すように loosely speaking というヘッジ表現でただし書きをつけることにより，容認度が上がる．また，「厳密に言うと」(strictly speaking) というヘッジ表現がある場合とない場合とでは，(2)に示すように，スイカが〈野菜〉であるかどうかの判断に違いが見られ，表現の自然さが異なる．

（1） a.　?An ashtray is a piece of furniture.
　　　 b.　Loosely speaking, an ashtray is a piece of furniture.
（2） a.　(?)スイカは野菜だ．
　　　 b.　厳密に言うと，スイカは野菜だ．

　古典的カテゴリー論では，カテゴリーの成員であるか否かを決定する素性が固定化しているため，他にどのような表現がこようとも，いったんカテゴリーの成員でないと下された判断が覆ることはないはずである．しかし，このようなヘッジ表現が明らかにしているのは，カテゴリーがけっして固定したものではなく，縮小したり拡大したりして捉えることができる，かなり伸縮性・柔軟性をもつものであるということである．このような事実は，古典的カテゴリー論ではとうてい捉えることのできないものである．

1.2.6　カテゴリーの可変性：　コンテクストとの関係
　カテゴリーは，状況によって容易に変化する．たとえば，「カタツムリ」は通常，動物の仲間として分類されるが，フランス料理のレストランで「エスカルゴ」の文字を見ると，それは通常は意識されないカタツムリについての知識，この場合「人間が食べる」という知識が活性化し，「食べ物」のカテゴリーに属すると考えられる．
　あるものが複数のカテゴリーの成員でありうることは，経験上驚くべきことではない．牛や鳥は〈動物〉のカテゴリーに属するが，日常的に，それらは〈食べ物〉のカテゴリーの成員と見なされる場合も多い（このことは図1–5では実線で示す）．しかし一方で，上記のカタツムリのように，

状況によって通常あまり意識されないカテゴリーに属する場合もある（このことは破線で示す）．つまり，カテゴリーに関する知識の中には，日頃は意識されなくても，ある状況に置かれて初めて活性化される知識があると言える．

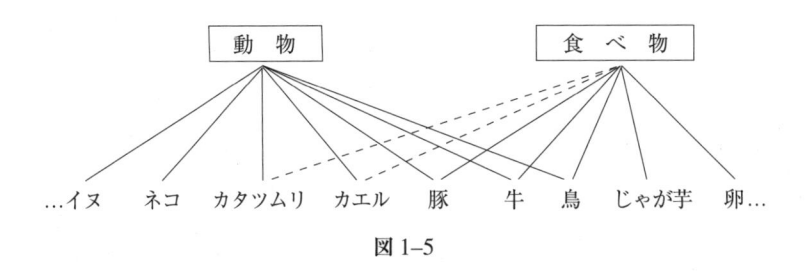

```
      動　物                    食べ物
     ／│＼＼                  ／／│＼＼
    ／ │  ＼＼              ／／  │  ＼＼
...イヌ  ネコ  カタツムリ  カエル  豚  牛  鳥  じゃが芋  卵...
```
図 1–5

また，カテゴリーの可変性は，カテゴリーの典型性の順序にも現れる．たとえば，日本人にいろいろな鳥の典型性を判断させる場合と，アメリカ人にそれを聞く場合とでは，典型性の順序に違いが見られる．日本人は，典型的な鳥として，「スズメ」「ツバメ」「カラス」などをあげるのに対し，アメリカ人は，"robin"（北米ではコマツグミを指す）をあげるかもしれない．実際，日本人の学生に聞いてみたところ，鳥の具体例としてrobinにあたる「コマドリ」をあげた者は1人もいなかった．中には，コマドリを具体的にイメージできない者もいた．つまり，あるカテゴリーの典型例であると考えられるものは，必ずしもどの言語や文化にも共通するものではない．それは，カテゴリー化が私たちの経験に基づいて行われているため，特別なコンテクストが与えられていなければ，自分たちにとって最も普通のコンテクストでカテゴリーを考えるからである．

また，カテゴリーといっても，すでにその位置づけが固まって安定しているものばかりではない．通常思いつかない類似性に基づいて，カテゴリーがその場で即時に形成されることがある．たとえば，「預金通帳」，「宝石」，「子ども」，「執筆中の論文」に共通するカテゴリーは何かと聞かれても，なかなかすぐには思いつかないが，逆に「火事のときに持ち出すものは何か」と聞いたときの答えだとすれば，かなり納得がいくのではな

いだろうか．通常，「子ども」や「預金通帳」などの特徴の中に，「火事のときに持ち出すもの」という項目はとうてい含まれないはずだが，私たちは状況に応じて，知識の活性化される部分を変え，一時的なカテゴリー（「アドホック・カテゴリー」（ad hoc category））を形成することができるのである（Barsalou 1983）．

　このように，私たち人間は，通常であればまったく考慮しない（あるいは思いつかない）特徴を，場面に応じて重要なものとして評価したり，状況に応じて特徴を動的に生成したりしながら，カテゴリー化を柔軟に行っている．このカテゴリーの可変性という性質を的確に捉えるには，古典的カテゴリー観を超えた考え方を必要とするのである．

1.2.7　ま　と　め

　古典的カテゴリー観は，長らく西洋の学問の前提として君臨してきたが，その「常識」に反して，カテゴリーの成員すべてに共通する属性が必ずしも存在するわけではない点，そして，カテゴリーの境界が必ずしも明確ではなく，その成員間でカテゴリーへの帰属度に違いが見られる点などが明らかになった．

　カテゴリーの心的表象（mental representation）に関する Rosch の初期の研究（Heider 1971, 1972; Rosch 1973; Rosch and Mervis 1975; Rosch et al. 1976）は，Berlin らの焦点色に関する人類学的研究（Berlin and Kay 1969; Berlin, Breedlove and Raven 1974）や，哲学者 Wittgenstein（1953）の「家族的類似」の概念，そして Lakoff（1972）の言語学的分析による影響を色濃く受けている．また，Berlin らの研究は，Sapir（1949）や Whorf（1956）による言語相対論に触発されたものである．また，次節で述べる Rosch の基本レベル・カテゴリーやプロトタイプの考えを取り入れたカテゴリー観が，言語学的研究に多大な影響を与えたことは言うまでもない．このように，心理学だけでなく，人類学や哲学，言語学における概念やカテゴリー化に関する研究成果が密接に関係し合って，認知言語学が前提としているカテゴリー観につながっているのである．

1.3 プロトタイプ理論

前節で見た古典的カテゴリー論への批判的検討から，新たなカテゴリー観が生まれる．それがプロトタイプ・カテゴリー論である．この節では，プロトタイプ・カテゴリーについての基本的概説を行う．

1.3.1 プロトタイプ

古典的なカテゴリー観に立てば，あるものがカテゴリーに属しているか否かが問題であって，いったんあるカテゴリーに属すると判断された成員は共通の属性をもっているので，すべて同じ資格でそのカテゴリーに属する．つまり，カテゴリーへの帰属度に関して，成員間の差はないことになる．

しかし，心理学者 Rosch (1973, 1975b, 1977; Rosch and Mervis 1975) らの実験によって，カテゴリーの構造は，古典的なカテゴリー論が予測するものではないことが明らかになった．色彩語の研究に続いて，〈鳥〉，〈果物〉，〈家具〉，〈乗り物〉などのカテゴリー化における実験で，被験者(200人の大学生)は，提示された事例がそのカテゴリーの成員としてどの程度よいか，「とてもよい」を 1，「とても悪い」を 7 とする 7 段階で評価するよう求められた．その結果，特にカテゴリーの「よい事例」と判断されたものに関して，被験者の間で高い一致が見られることがわかった．たとえば，robin は英語の〈BIRD〉の例としては「よい事例」と判断されたが，ostrich（ダチョウ）はそうではないと判断された．また，英語の〈FURNITURE〉（家具）では，chair, sofa, table などは「とてもよい事例」，一方 ashtray（灰皿）や fan（扇風機），telephone（電話）などは「とても悪い事例」であると評価された（次ページ表 1–1 参照; Rosch (1975b, 229) より抜粋）．

こうした実験結果は，成員間に帰属度の違いを認めない古典的カテゴリー論では，問題となる．そこで Rosch は，あるカテゴリーにおいて典型例・代表例とみなされる事例をプロトタイプ (prototype) と名づけ，プロトタイプを中心とした新たなカテゴリー観を生み出した．このプロトタ

表1-1

FURNITURE		
MEMBER	RANK	SPECIFIC SCORE
chair	1.5	1.04
sofa	1.5	1.04
couch	3.5	1.10
table	3.5	1.10
…	…	…
desk	12	1.54
bed	13	1.58
…	…	…
lamp	31	2.94
stool	32	3.13
…	…	…
mirror	41	4.39
television	42	4.41
…	…	…
ashtray	58	6.35
fan	59	6.49
telephone	60	6.68

イプ・カテゴリーと古典的カテゴリーとの最も明白な違いは，成員の帰属度として，古典的カテゴリーが「成員か非成員」の2つしか認めないのに対し，プロトタイプ・カテゴリーにおいては，「プロトタイプ的成員から周辺的成員まで」といった，成員の帰属度に段階性を認める点である．つまり，あるカテゴリーの成員は，古典的カテゴリー論で想定されるように，すべての成員が必要十分条件的な特性を等しく共有しているのではなく，家族的類似によって，中心的な成員から周辺的な成員までが互いに関連し合っていると考えるのである．

　プロトタイプ理論では，ある新しい事例がそのカテゴリーの成員と認定

されるかどうかを決める際の判断基準を，共通属性をすべてもっているかどうかには求めない．プロトタイプがそのカテゴリー判断の基準点として働き，プロトタイプとの類似性に基づいてカテゴリー内に位置づけられると考える．つまり，プロトタイプとの類似の程度によって，カテゴリーへの帰属度が決まるのである．

このように，カテゴリーの各成員の典型性評価において，典型から非典型までの段階構造が現れることによって，「プロトタイプ効果」(prototype effect) が生じる．プロトタイプ効果は，「X は Y である（コマドリは鳥である vs. ペンギンは鳥である）」のような，文の真偽を判断する際の反応時間や，事例を列挙する際の順序，習得の早さなどに見られる．

また，1.2.5 節で見たヘッジ表現は，実は，あるもののカテゴリーへの帰属度を浮き彫りにし，それを言語的に表す手段であると言える．たとえば，loosely speaking（「大雑把に言うと」）というヘッジ表現は，帰属度の低い，周辺的な成員がそのカテゴリーに一時的に取り込まれることを示す．したがって，〈家具〉の周辺的成員である灰皿に対してこのヘッジ表現は用いられるが ((1b))，カテゴリーの中心的成員であるテーブルに対してこのヘッジ表現を用いると，おかしいと感じられるのである（例：??Loosely speaking, a table is a piece of furniture.）．また，「厳密に言うと」というヘッジ表現は，普段はあるカテゴリーの成員であるとあまり意識されていない周辺的成員を，際立たせる働きをしていると言える．よって，たとえばキュウリのように，〈野菜〉のカテゴリーの成員として皆が知っている中心的成員については，このヘッジ表現は使えないのである（例: ?? 厳密に言うと，キュウリは野菜だ）．

プロトタイプ効果は，〈鳥〉や〈果物〉といった自然カテゴリーや，〈家具〉や〈道具〉などの人工物カテゴリーに限定して現れるわけではない．たとえば，古典的なカテゴリー観がぴったりあてはまるような〈偶数〉や〈奇数〉のカテゴリーに関しても，プロトタイプ効果が生じることが報告されている (Armstrong et al. 1983)．たとえば，〈奇数〉は「2 で割ったときに 1 あまる数」という必要十分条件によって定義され，この定義にあてはまる自然数はすべて，〈奇数〉のカテゴリーの成員である．3 であれ，

13であれ，333であれ，その数的特徴はすべて同じであり，〈奇数〉のカテゴリーは成員か非成員かの，段階性のない境界のはっきりしたカテゴリーである．ところが実験では，同じ特徴を有する奇数の中で，447や91よりも3のほうが，奇数として最もよい事例，すなわち「より奇数らしい」事例として判断された．条件を満たしているという点ではまったく同じ特徴を有する〈奇数〉の成員の中で，3が「よい事例」とみなされる事実は，どう考えたらいいのだろうか．このことは，私たちが頻繁に経験する数が，91や447ではなく，3や7のような1桁の数のほうであることと，奇数かどうかの判断は1の位の数で決まることが，大いに関係していると考えられる．

つまり，カテゴリー化の基盤となっているのは，私たちの日常の経験である．また，プロトタイプ効果は，プロトタイプとの類似の程度によってはかられる対象の特性にのみ基づくものではなく，人間の主観的な判断も含めたさまざまな要因に基づいて生み出される現象なのである．

その要因の1つは，Lakoff (1987) の言う「理想認知モデル」(Idealized Cognitive Model: ICM) と関係する．ICMとは，私たちの日常生活の経験の中から得られる百科事典的知識を抽象化・一般化したものであり，ある対象を理解する際に前提として用いられている．ICMは，Fillmore (1982) の「フレーム」(frame) や，Langacker (1987) の「認知ドメイン」(cognitive domain) とも通じる概念である(河上 1996). 1.2.1節であげたbachelorの例を思い出してほしい．ローマ法王は，独身の成人男性にもかかわらず，bachelorと呼ぶのに違和感を覚えるのはなぜだろうか．Lakoffによれば，bachelorかどうかは，結婚と結婚年齢というものが決まっている人間社会に関するICMとの関連で，判断される．ローマ法王は，そもそも結婚制度を前提としない世界に生きている人間である．したがって，その世界とbachelorのICMとが合致しないため，ローマ法王はカテゴリーの中心的成員とはみなされず，周辺的な成員とみなされるのである．このように，カテゴリー化される対象がそのカテゴリーの背景的知識と合致すればするほど，カテゴリーの中心的成員とみなされ，そこにプロトタイプ効果が生じると言える．

1.3.2 基本レベル・カテゴリー

　これまでは，カテゴリー内の同レベルの成員間における，水平方向の広がりを見てきたが，カテゴリーの構造は垂直方向にも広がりをもつ．たとえば，私たちは公園を走り回るものを目にして，それを「イヌ」と言うこともできるし，種類に詳しければその特徴から「ゴールデン・レトリバー」と言うこともできる．一方，ネコやサル，ウサギと同じ，「動物」と考えることもできる．もう少し詳しく〈イヌ〉という概念カテゴリーの縦の関係を見ると，たとえば，「もの」>「生物」>「動物」>「イヌ」>「レトリバー」>「ゴールデン・レトリバー」という順に，上位から下位に階層をなしている．これらのカテゴリーの階層関係は，上にいくほど抽象度が増し，下にいくほど詳細になる．

　古典的カテゴリー観に立てば，上位レベルほど，その特徴を規定する属性の数が少なく，下位レベルほど属性の数が多いと言える．そして，それぞれのレベル間には，より上位のレベルのカテゴリーがより下位のカテゴリーをすべて含む，包含関係が存在するだけであり，したがって，レベル間にはなんら優劣は存在せず，それぞれ対等な地位を有するはずである．

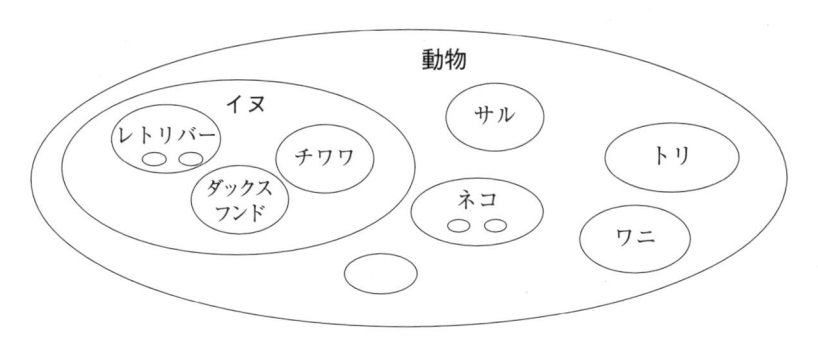

図 1–6

　しかし，こうしたいくつかのカテゴリーが階層関係をなしている場合においても，同レベルのカテゴリーの成員間で見られたような，一種の「プロトタイプ効果」が生じる．Berlin や Rosch ら（Berlin, Breedlove and

Raven 1974; Rosch and Mervis 1975; Rosch et al. 1976）によって，分類的な階層構造をなすカテゴリーの中で，その中間に位置するカテゴリーが心理学的に最も基本的であることが明らかにされた．このレベルのカテゴリーを「**基本レベル・カテゴリー**」（basic level category）と言う．そして，そのレベルより上に位置するレベルを「**上位レベル**」（superordinate level），それより下に位置するレベルを「**下位レベル**」（subordinate level）として，カテゴリーは3つの階層にレベル分けされる．これまでのさまざまな心理学的実験によって，基本レベルは，知覚や機能，コミュニケーションの面で，最も際立つレベルであることがわかっている．カテゴリーの階層構造において，基本レベルが認知的に最も優位性をもつことを，「**基本レベル効果**」（basic level effect）と言う．

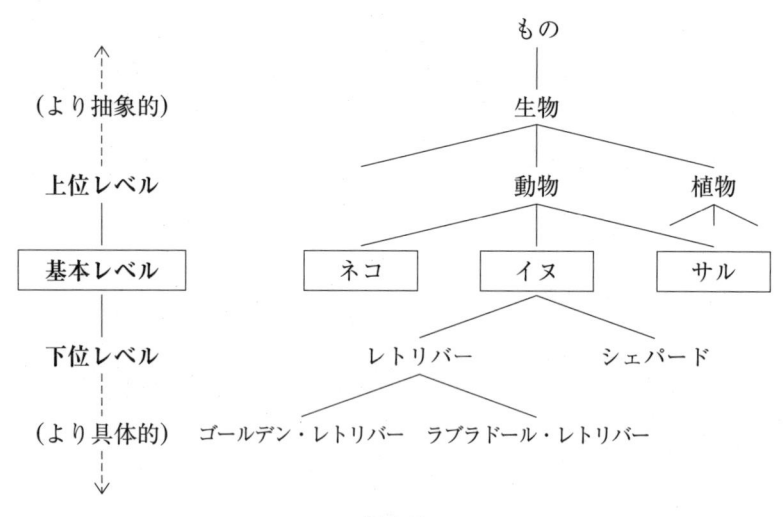

```
                                        もの
                                         │
(より抽象的)                             生物
                                      ／    ＼
 上位レベル                         動物      植物
                                  ／ │ ＼     ↑
 ┌─────────┐               ネコ   イヌ   サル
 │ 基本レベル │
 └─────────┘                    ／    ＼
 下位レベル               レトリバー   シェパード
                          ／    ＼
(より具体的)    ゴールデン・レトリバー  ラブラドール・レトリバー
    ↓
```

図 1–7

　たとえば，〈イヌ〉のカテゴリーを考えてみよう．〈イヌ〉は，〈動物〉のカテゴリーの下に位置し，ほかにも〈ネコ〉や〈サル〉などといったカテゴリーが，同じ〈動物〉のカテゴリーに属する．さらに，〈イヌ〉にも，レトリバー，シェパード，チワワ，ヨークシャーテリアなど，より下位のカ

テゴリーが存在する．逆に〈動物〉の上位に位置するレベルには〈生物〉，さらにその上には〈もの〉のレベルがある．このような階層関係において，〈イヌ〉〈ネコ〉〈サル〉などという中間に位置するカテゴリーが，日常私たちが具体的に経験する世界では，認知的に最も自然なカテゴリーを形成する基本レベルとして機能する．

　基本レベル・カテゴリーである〈イヌ〉の場合，レトリバー，シェパード，チワワ，ヨークシャーテリアなどのすべての成員に共通する特徴的な形を容易に思い浮かべることができ，したがって，共通のゲシュタルトの存在が想定できる．また，「吠える」「なめる」「うれしいと尻尾を振る」「忠実である」など，[イヌ性]を示す多くの特徴があり，それによって，ネコやサルなどの他の基本レベルのカテゴリーの成員と，簡単に区別できる．それに対し，上位レベルの〈動物〉には，イヌ，ネコ，サル，トリなどが含まれ，さらに上位の〈生物〉は，動物や植物などの多種多様なものを含むことになるので，それぞれの上位レベルに共通する形を想定することは難しく，また類似点も非常に少なくなる．逆に，レトリバーやシェパードなどの下位レベルでは，それぞれに対してより特定的な共通した1つの形を想定できるが，個々の成員間の違いが小さすぎるため，たとえば，基本レベルのイヌとネコの区別ほどはっきりしない．

　つまり，基本レベルは，カテゴリー内の成員どうしの類似性が最大であり，他のカテゴリーとの類似性が最小である（相違が最大である），理想的なバランスを保ったレベルと言える．言い換えると，基本レベルでは，カテゴリー全体に共通する属性の集合が最大であるため，他のカテゴリーとの区別が容易になる．そのため，何かがイヌかどうかの判断は，それが動物かレトリバーかといった判断よりも，早く行える．たとえば，ゴールデン・レトリバーの写真を見た際，ゴールデン・レトリバーとわからなくても，まずそれがイヌだと判断できるであろう．

　機能面でも，具体的イメージを最も豊かに喚起しうるのは，この基本レベルに対応するカテゴリーである．私たちが〈イヌ〉に対して行う行為を考えると，撫でたり，抱きかかえたり，散歩をさせたりといった行為が思い浮かぶ．しかし，〈イヌ〉の上位概念である〈動物〉に対して，そのよ

うな行為が適当かというと，そうではない．たとえば，私たちはネコやトリを散歩させることはないし，ゾウやライオンを抱きかかえることもないのである．このように，〈イヌ〉の上位概念である〈動物〉一般に対する私たちの共通した行為を思い浮かべようとしても，想像しがたい．逆に〈イヌ〉の下位概念である〈レトリバー〉や〈シェパード〉に対する行為は，〈イヌ〉全体に対するものと特に変わることがなく，種類によって異なるとは考えがたい．このように，カテゴリーの成員に対する私たちの身体運動の働きかけが共通し，また他のカテゴリーとの違いがはっきりしているのも，基本レベルにおいてのみである．

　また，基本レベルを指す語は，言語形式が短く，一般的によく使われる．そのため，子供はこのレベルの語を最初に習得するとされている．

　以上まとめると，基本レベルの特徴は次のとおりである（Rosch et al. (1976), Lakoff (1987) より抜粋）．

- 知覚面の特徴：
  ① カテゴリーの成員が，全体的に同じような形をもつと知覚される最上位レベル．
  ② 1つの心的イメージがカテゴリー全体を表せる最上位レベル．
  ③ カテゴリーの成員かどうかの同定が最も早いレベル．
- 機能面の特徴：
  ④ カテゴリーの成員に対して，人が行う身体運動の働きかけが最も似ている最上位レベル．
- コミュニケーション面の特徴：
  ⑤ 最も一般的に使用される呼び名がついているレベル．
  ⑥ 子どもが最初に習得する（命名し理解する）レベル．
  ⑦ ある言語の語彙目録に最初に登録されるレベル．
  ⑧ 最も短い基本語彙によって表されるレベル．
  ⑨ 中立的なコンテクストで用いられるレベル．
- 知識の組織化の特徴：
  ⑩ 私たちの知識の大半が組織化されるレベル（カテゴリーの成員のほとんどの属性が蓄積されるレベル）．

このように，私たちが形成するカテゴリーは，古典的なカテゴリー観が想定するようなタクソノミー（taxonomy）が，上位レベルから（または下位レベルから）順にできあがっていくというようなものではない．むしろ，私たち人間のさまざまな事物との関わりの中で，その経験に基づいて形成されるものである．そのようなことから，基本レベルにおいて，プロトタイプ的カテゴリー構造が最もよく発達しており，同様に認知的な優位性をもちうるということは，驚くことではないのである．

1.3.3　プロトタイプに基づくカテゴリー観：放射状カテゴリー

プロトタイプに基づくカテゴリー論では，プロトタイプとの類似性に応じてカテゴリーの成員となるかが決まる．さらに，類似性が高ければそのカテゴリーの中心的な成員，類似性が低ければ周辺的な成員（または拡張例）として位置づけられる．

今まで見てきたプロトタイプを基本とするカテゴリーを言語の分析に応用したものとして，Lakoff（1987）の**「放射状カテゴリー」**（radial category）があげられる．放射状カテゴリーは，特にWittgensteinの「家族的類似」の考え方を踏襲しており，カテゴリーの中心的・プロトタイプ的

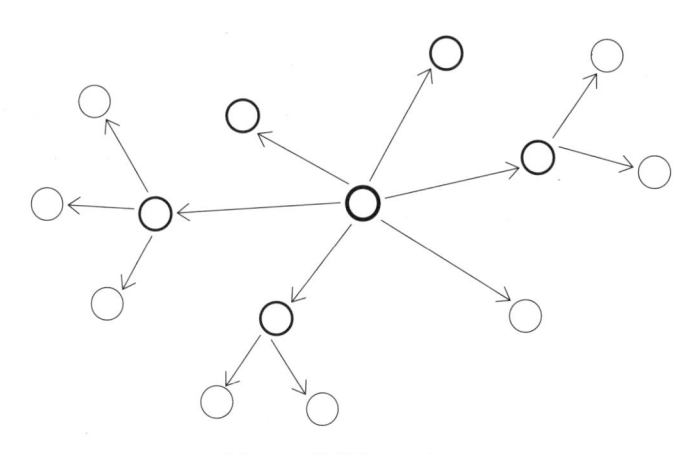

図1-8　放射状カテゴリー

成員を取り囲むように，非中心的な成員が関係づけられ，さらにその外側により周辺的な成員が位置づけられることで，中心的成員から放射状に拡張していく複合的なカテゴリー体系である．(前ページの図1-8では，プロトタイプ的成員を ⬤，非中心的成員を ◉，周辺的成員を ◯ で表している.)

　よく引き合いに出される例であるが，たとえば，motherの意味カテゴリーについて簡単に見てみよう．motherの意味は，一見「子どもを産み育てる女性」と定義できるように思われる．しかし，実際はそのように単純に規定できるものではない．Lakoff (1987) によれば，私たちは，理想認知モデル (ICM) を使って，知識を組織化・構造化している．Lakoffは，motherにまつわるICMとして，出産モデル，遺伝モデル，養育モデル，結婚モデル，家系モデルを想定し，これらの5つのICMを結合させたクラスター・モデル (cluster model) によって，motherのカテゴリーを規定している．このカテゴリーにおいて，上記のすべての下位モデルを満たす場合，つまり，子どもを産み，子どもに遺伝子を与え，子どもを育て，父親の妻であり，子どもにとっていちばん近い先祖である女性である場合が，motherのカテゴリーのプロトタイプとなる．

　しかし，現代社会においては，stepmother (継母) や adoptive mother (養母)，surrogate mother (代理母) などのように，それらの下位モデルの一部しか満たしていない事例が存在する．たとえば，stepmotherは，子どもを産んだわけでも遺伝子を与えているわけでもない．単に父親と結婚している女性というだけである．したがって，出産モデルも遺伝モデルも満たしていない．また，surrogate motherは出産モデルだけを満たしている場合である．そのような場合でも，motherの意味カテゴリーから排除されるのではなく，中心的な成員の拡張として周辺的に位置づけられる．このように，motherの意味は，そのクラスター・モデルにぴったり合致するプロトタイプ的な意味を中心に，それぞれの意味が連鎖状に関連して，放射状に拡張していく放射状カテゴリーを形成していると言える．

　放射状カテゴリーの考え方を取り入れた多義性の研究は，語彙レベルから構文レベルに至るまで，数多く見られる．そうした研究の中では，意味

どうしを関係づけ，その拡張を動機づける一般原理が明らかにされている（Brugman 1981; Fillmore 1982; Lakoff 1987; Taylor 1989; Goldberg 1995, etc.）．多義語の意味は，中心的な意味だけでなく，そこから拡張したさまざまな意味を含むカテゴリー全体を含むものであり，中心的な意味から非中心的な意味への拡張はすべて，メタファー（metaphor）やメトニミー（metonymy），イメージ・スキーマ（image schema）の変換などによって動機づけられているのである．

1.3.4 プロトタイプ・カテゴリー観の問題点

プロトタイプに基づくカテゴリー形成観は，それまでの古典的カテゴリー論で捉えることのできなかった現象をうまく説明することができ，かつ，カテゴリーのあり方を直観に近い形で提示することができた．これらの点が，プロトタイプ・カテゴリー論の優位性を強くアピールするものであることは確かである．

しかしながら，このプロトタイプに基づくカテゴリー観も，問題点がないわけではない．以下では，プロトタイプ・カテゴリーの欠点であると指摘されてきた点について見ていくことにする．

まず，アドホック・カテゴリー（⇒ 1.2.6 節）はプロトタイプ・カテゴリーでは捉えられない，ということがあげられる．アドホック・カテゴリーとは，その場かぎりで作り出される，一時的なカテゴリーのことである．たとえば「火事のときに持ち出すもの」を考えてみよう．一般に「財布，子ども，貯金通帳」などと成員を羅列しても，それらが自然なカテゴリーを形成するとはにわかには理解しがたい．しかしこれらを「火事のときに持ち出すもの」としてカテゴリー化することは十分にありえることである．プロトタイプ・カテゴリーの考え方は，すでにいったん確立したカテゴリーについてはあてはまるが，その場で作り出すことができるというカテゴリーの動的・創造的側面を，十分な形で捉えることができないのである．

また，プロトタイプ・カテゴリーの特徴として，カテゴリー境界が不明瞭である（fuzzy boundary）点があげられるが，このことについても実は

問題をはらんでいる．文脈を離れての抽象的・概念的カテゴリーを考えた場合には，たしかにそういうケースが多いかもしれないが，実際に具体的文脈に密着して用いられる事例に対しては，カテゴリー境界はむしろきちんと存在することのほうが多い．たとえば，河原の岩場を見て「お弁当を食べるのにちょうどよい椅子が見つかった」と発話した場面では，岩が〈椅子〉としてまぎれもなくカテゴリー化されている．しかし，具体的場面を離れて〈椅子〉カテゴリーの成員を思い浮かべた場合，当然，岩はその成員としては存在しない．たしかにこのことを「カテゴリー境界が明確には決定できない」と表現することもできるが，しかし文脈がない場合とある場合とで，カテゴリー化の判断結果が明確に変わってしまうことも確かである．このような，文脈に即した場合のカテゴリーの可変性を，プロトタイプに基づくアプローチでは捉えることができず，すべて「境界は曖昧」ということで処理してしまうことになる．境界の不明瞭さを全面に押し出すと，カテゴリーがどこまでも拡張する可能性があるのだが，実際にカテゴリー判断が行われているという現実と合致しなくなる．

　放射状カテゴリー・モデルに関しても，問題が指摘されている．このカテゴリー・モデルは，多義性を示すカテゴリー内での意味の関連性を示すのに適しているが，その位置づけをめぐっては議論の分かれるところである．1つには，その多義のうち，どれをプロトタイプのような中心的なものと認定するかという点に，問題がある．現実に，この放射状カテゴリーに基づいて分析された事例の多くは，理論的に効率よく語義のネットワークを構成することが可能になる意義を，中心的意義として選択しているが，それが心理的実在性に裏打ちされた直観的プロトタイプと合致しているとは，必ずしも言えない（Taylor 2003, Ch. 6）．

　また，先に見たように，カテゴリーの境界は文脈によっても，時代の変化によっても変わりゆく可能性があるが，こういった事例が放射状カテゴリーにどのように組み込まれるのか，という点は不明である（Sandra and Rice 1995）．周辺的とされる意味が，それまでの分析に含まれていた意味とは異なる新しいものなのか，それともそれまでの分析ですでに扱われていた意味の具体化された変種にすぎないのか，その判断基準が難しい．理

論的にも，この2つを区別する手だてが明確に決まっているとも言いがたいのが現状である．Lakoff (1987) では，共起制限に基づいて，多義として区別されるべき意味かそうでないかを判定しようとしているが，これも共起する動詞の意味による違いなのか，前置詞そのものの意味の違いに還元すべきなのか，意見の分かれるところである．つまり，どこまでを「異なる意味として区別するのか」という基準が明瞭さを欠くために，人によって異なる判断を下し，異なる放射状カテゴリー表示を行う可能性を十分に含んでいることになる．

1.4 スキーマに基づくカテゴリー観

1.4.1 スキーマとカテゴリー

プロトタイプに基づくカテゴリー観では，放射状カテゴリーに見られるように，主に一次元的な拡がりのみを考えていく傾向にあった．そして，どちらかというと文脈に即した意味ではなく，用法から抽象化され，ある程度，固定化・安定化した意味を扱う傾向にあった．

一方で，このプロトタイプだけに基づいたカテゴリー観ではうまく説明がつかないことも観察されるようになり，その欠点を補う概念として，「スキーマ」という考え方を取り入れてカテゴリー規定を試みる研究が現れた．認知言語学では，プロトタイプと比較対象される具体例との共通性を，「スキーマ」(schema) と呼んでいる．

プロトタイプ理論ではたしかに，成員がみせるカテゴリーへの帰属度に段階性があることが捉えられる．しかし一方で，境界事例に関する現実の容認性判断は，文脈の有無によって比較的はっきりと Yes か No かに分かれる．たとえば，通常ならば容認されない所有格表現も，文脈によっては認められるようになる (Hayase 1993, 156; 早瀬 2002, 78).

(3) a. ??today's girlfriend
    b. He always brings his girlfriend to football games, but he is quite a playboy, so *today's girlfriend* may be different from yesterday's.

この理由は，文脈と切り離されて用いられた場合には，所有格の使用を可能にするような条件がそろわず，したがってスキーマを満たすことができない表現が，文脈の助けを借りて，所有格表現を規定するスキーマに合致する表現へと変わることができたからである（詳しくは Hayase (1993)，早瀬 (2002) を参照）．このように，容認性の判断が微妙な事例であっても，スキーマとの合致性を見ることで，カテゴリーの柔軟な側面を捉えることができる．

　このように，スキーマという概念を導入すると，カテゴリーの境界が不明瞭だとする考え方は，必ずしも必要ではなくなる (Croft and Cruse 2003, 94–95)．抽象的概念レベル（文脈自由）でのプロトタイプ・カテゴリーは，たしかに境界が定まらないと言えるかもしれないが，具体的用法レベルでのカテゴリーは，明確な境界をもちうるものなのである．

1.4.2　ネットワークとしてのカテゴリー

　Langacker (1987, 1988b, 2000) は，スキーマとプロトタイプとを統合した形でカテゴリーの形成が行われるとする考え方を提案している．これが本書で取り上げることになる，「用法基盤モデル」(Usage-Based Model) の核をなしている．Langacker によれば，プロトタイプからの拡張は同時にスキーマ抽出を伴うことが多いという．抽出されたスキーマは，プロトタイプからの拡張と結びついて，カテゴリーの中に階層的に組み込まれるということである．

　認知文法では，「プロトタイプ」に基づくカテゴリー化と「スキーマ」に基づくカテゴリー化を，根本的に相容れないものではなく，どちらも自然言語の合理的な記述に不可欠な認知プロセスであると考える．つまり，私たちには，「プロトタイプからの拡張を動機づける類似性を発見する能力」と，「複数の具体事例から共通性（スキーマ）を抽出する能力」が備わっており，プロトタイプとスキーマは，それぞれ1つの統合現象の異なる側面を反映しており，どちらもカテゴリー化には必要なものであると言える．こうしたプロトタイプとスキーマの関係は，図1–9で簡略に示される．

第1章　カテゴリー論の展開　31

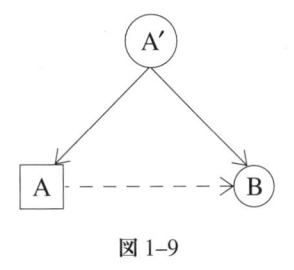

図 1-9

　Aは，プロトタイプとして言語知識の中にすでに確立している記号である．Bは，発話などで現実に使用された，具体例としての記号である．AとBとの間に十分な類似性が認められ，同じグループとみなしてよいという判断が下った場合，BはAをプロトタイプとするカテゴリーの成員として認可されたことになる．このときBは，プロトタイプAからの「拡張」(extension)例ということになる．ただし，AとBとは完全に一致しているわけではないので，その関係は[A ……> B]という破線で表される．同時に，AとB両者に共通するスキーマA′が抽出されるが，このスキーマはプロトタイプAとも，具体例Bとも両立しうる規定なので，[A′ → A]，[A′ → B]という実線で表されることになる．このように，具体例BがプロトタイプAからの拡張として認可された場合，カテゴリー自体も新しくA′というスキーマを得て，広がりを見せたことになる．

　では，上記のことを具体例で考えてみよう．たとえば英語のmouseという語は，[máus]という音声と〈ネズミ〉という意味とが対応した両極構造をなす記号である．これを次のように表示する（ここでは音韻構造をmouseと示す）．

　　[mouse /〈ネズミ〉]

さて，現代社会においてはコンピュータがめざましく普及し，多くの人にとってすっかりおなじみのものとなっている．私たちはコンピュータに入力する際，箱型の小さい機器を用いる．その形や，机の上をスライドさせる際の動きがネズミに似ているからであろうか，mouseはいつしか，コン

ピュータの入力装置の意味で用いられるようになった．

　　　［mouse /〈ネズミ〉］ ┄┄> ［mouse /〈コンピュータの入力装置〉］

もともと私たちの言語知識にあったのは，［mouse /〈ネズミ〉］というペアからなる記号であった．しかし，［mouse /〈コンピュータの入力装置〉］という音声と意味のペアを表す記号は，最近になって生じたものである．実際に私たちはこの用法に繰り返し出会い，今では mouse という表現でパソコンの入力装置を指すことに特に違和感はない．いったん類似性が認められたならば，同時に両者の一般性を抽出するスキーマが形成されることになる．

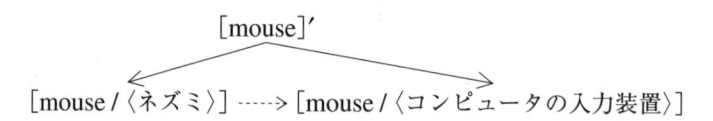

$$[\text{mouse}]'$$
$$[\text{mouse}/\langle\text{ネズミ}\rangle] \dashrightarrow [\text{mouse}/\langle\text{コンピュータの入力装置}\rangle]$$

これで私たちは，現実生活の中でノード (node: 節点) を 1 つ増やし，ネットワークを増設したことになる．しかし，コンピュータのことについて何も知らない隔絶された世界に住む人にとっては，この新しいノードはまだ存在しないのである．

　人間は複数の具体事例を見て，そこに内在する共通性を発見し，取り出す．プロトタイプからの拡張に基づくカテゴリー化は，常にこのスキーマ的関係を内包し，前提としている．そして，さまざまな具体事例の経験を通じてこのスキーマが強化され，しだいに定着し，認知的な際立ちを獲得するようになるのである．

　このように，プロトタイプだけではなく，スキーマを同時に取り込んだネットワークとしてカテゴリーを考えると，いくつかの利点が得られる．まず，カテゴリーの成員か否かを判断する際の，同時に成立する 2 つの直観を満たすことができる．たとえば，ペンギンはスズメと比べて，〈鳥〉のカテゴリーの周辺的な成員であるものの，同時に，スズメやカラスと同じように，間違いなく鳥である．こうした問題は，カテゴリーをプロトタイプとスキーマの両方に基づいて形成されると捉えることで，対処

できる．プロトタイプによるカテゴリー化では，新規の成員は，すでに存在するプロトタイプとの類似の程度によってカテゴリー内に位置づけられるため，成員間に帰属度の違い（プロトタイプ効果）が生じる．一方，スキーマに基づくカテゴリー化では，帰属度の違いが引き起こされることはない．スキーマは，「各成員を比較することによって共通に抽出される抽象的知識」であり，カテゴリーの成員としてみなされるかどうかは，そのスキーマによって特徴づけられる具体例として位置づけられるかどうかで決まるからである．したがって，成員か非成員かといった二者択一的な帰属性について私たちが下す直観は，スキーマというレベルの存在を反映していると言える．このように私たちは，自然カテゴリーにおいても，プロトタイプとスキーマの両方を伴うカテゴリーを形成していると考えられるのである．

　もう1つの利点として，スキーマとプロトタイプとを合成することで，カテゴリーの拡張を動的に捉えることが可能になることがあげられる．1.4.1節の(3)で見たように，文脈に依存した一時的な拡張用法であっても，スキーマに合致するとして容認されるかぎりは，このネットワークに自然な形で含めることができる．また，基本レベル・カテゴリーの知見も同時にカテゴリー記述の中に取り入れることができる．基本レベル・カテゴリーは，カテゴリーの階層関係において見られるもので，プロトタイプ効果の源となっていた．スキーマはこのカテゴリーの「縦の関係」を表示できるため，プロトタイプに基づく拡張が表示する「横の関係」と合わせて，カテゴリーを総合的に表示することが可能となる．

　さらに，言語学的分析にとってのメリットとして，語のもつ多義と単義の区別を段階性を持ったものとみなすことが可能なことがあげられる．語彙意味論の分野では，ある動詞の表す複数の意味を，それぞれに異なる別々の意味として捉える立場（多義（polysemy）とする立場）と，そうではなくて，同一の意味が文脈によって異なる現れ方をしている例だとみなす立場（単義（monosemy）とする立場）とに大別でき，それぞれの論陣が自説を展開することが多々ある．しかし現実には，どちらとも判断しがたい事例が存在する．たとえば，動詞 paint を例に説明しよう．同じ動詞 paint

の意味が (4a) では「(絵を)描く」，(4b) では「(ペンキを)塗る」となる．そこで，この2つの意味を曖昧 (ambiguous) とする(つまり2つの異なる意味とみなす)のか，漠然 (vague) とする(つまり2つの意味は区別するに値しない1つの意味とみなす)のかという問題が出てくるが，その立場の区別も，実際の文脈しだいではかなり不明瞭なものとなる（例はTuggy (1993); Taylor (2002, 469; 2003, 167) より）．

(4) a. Bill is painting a picture.
  b. Jane is painting a line on the road.
  c. I have been painting, and so has Jane.
  d. When I'm painting I try to put the colour on evenly, and so does Jane.

(4c) は普通，I と Jane がどちらも絵を描いている，またはペンキを塗っていると解釈される．もし，一方が絵を描いていて他方がペンキを塗っている状況を，(4c) のようにまとめて発話すると，おかしいと判断される．つまり，その2つの事態は異なる事態と認識されるので，so によって2つの事態をまとめて指示することはできないのである．しかし，同じ状況であっても(4d)の発話は，自然に受け入れることが可能である．その理由は，(4a)と(4b)に共通する側面(ここでは「なんらかの表面に色を塗る」)を，動詞 paint の意味として取り出すことができるからである．この違いは，次のネットワーク上での際立ちの違いであると説明できる (Langacker (2000, 37) の一部)．

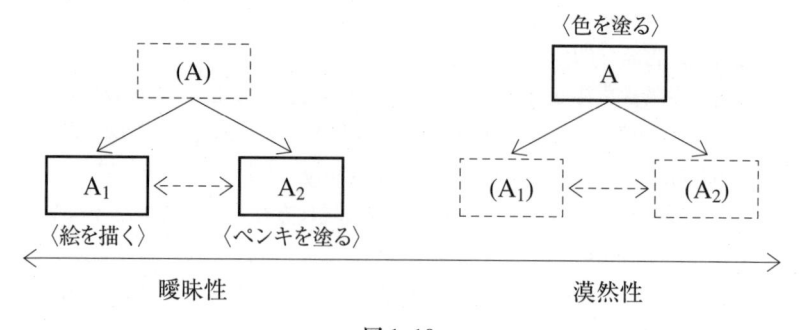

図 1–10

「絵を描く」という意味と「ペンキを塗る」という2つの具体的な意味を想起する場合は，paint の意味は曖昧(多義)であると言える．一方，その2つの意味の共通性を示す「色を塗る」という抽象的な意味を想起する場合は，漠然(単義)であるとも言える．つまり，際立ちをどのレベルに置くかという捉え方しだいで，paint の表す事態を，別々の事態であるとも同一の事態であるとも，理解することができる．このことは，ネットワーク上，どのレベルが重要視されるかが変わりうる，と考えることで説明が可能である．このように，意味をネットワークで捉えると，定着度や文脈などによって，具体的な意味が際立つのかそれともスキーマ的な意味が際立つのかが決まる多くの場合を，多義か単義かが明白な場合を両極端とするスケール上の中間段階に位置づけることができ，多義性と単義性の関係を連続的に捉えることが可能となるのである．

さらに，ネットワークとして多義を捉えることのもう1つの利点は，「多義性」と「同音異義性」(homonymy)の区別を捉えられることである．語彙意味論の分野ではこの2つの違いを，1つの語形に結びついた2つ以上の意味が，それぞれ関連しているかそうでないかの違いだと考える．同音性の場合，異なる意味をもつ2つの語が，たまたま同じ語形であったと言えよう．たとえば bank は，「銀行」と「(川の)堤防」という意味をもつが，この2つは互いに関連しているとはみなされず，同音異義語の典型例だとされている．しかし，次の例文では，2つの同音異義語 bank に共通する側面を取り出しており，その共通するスキーマ的な意味を they 1語が指し示していることになる (Taylor 2002, 470; Taylor 2003, 167)．

(5) Financial banks resemble those that you find by rivers; they control, respectively, the flow of money and of water.
(Deane 1988, 345)

つまり，互いにまったく独立した意味を表すとされる同音異義語においてすら，その意味がお互いに関連づけられることが現実には十分にありうる．多義性と同音異義性とは明確に線引きできる別個の現象ではなく，むしろその区別は段階的なものだとも考えられる．スキーマを介したネット

ワーク分析では，はっきりと同音異義とみなされる事例だけではなく，このような段階的な事例をも同時に記述・説明することが可能なのである．

1.4.3 意味ネットワーク： 動詞 run を例に

では，このプロトタイプとスキーマを統合したネットワーク論で，多義語がどのように表されるかを，英語の動詞 run の意味を例に見てみよう（Langacker 1988b, 1990）．

動詞 run には，以下の例に示すように，(a)「(人間が)走る」という意味のほかに，たとえば (b)「(機械などが)動く」や，(c)「(川などが)流れる」，(d)「立候補する」といった複数の意味がある．

(6) a. Dian *ran* straight from us toward the small canal.
　　b. The machine didn't *run* smoothly.
　　c. The river *ran* approximately straight west to the sea.
　　d. John is going to *run* for Parliament.

語彙の意味的ネットワークにおいて，各々のノードは確立した意味を表す．下の図 1-11 は動詞 run の意味のネットワークの一部であり，複数の

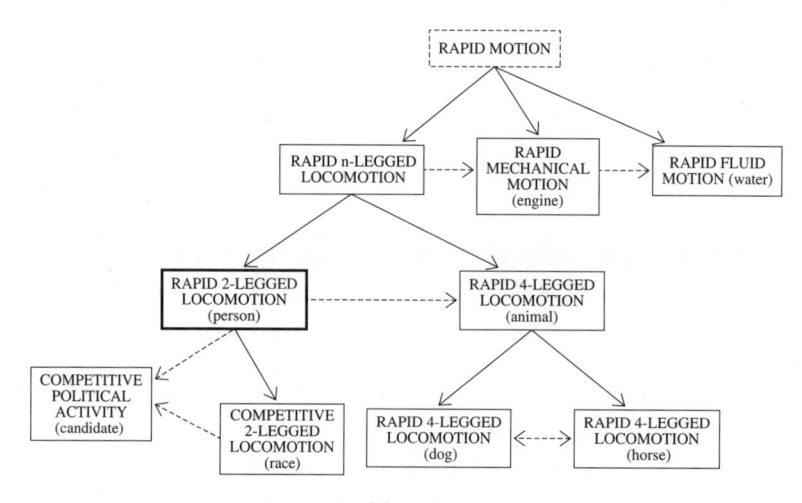

図 1-11

意味が，カテゴリー化関係に基づいたネットワークを形成していることを示している．カテゴリー化関係のうち，[A] → [B] のような実線の矢印は「[A] が [B] のスキーマ」または「[B] がスキーマ [A] の具体例」であることを示す．また，[A] ·····> [B] のように破線の矢印で示される場合は，「[B] が [A] の拡張」であることを表し，破線の両矢印 <···> は「相似関係」であることを示す．垂直方向のレベルの違いは，スキーマ化のレベルが異なることを表している．最も下位のレベルは，局所的スキーマに対応し，高次になるにつれ，より一般性の高いスキーマに対応する（図 1–11 は，Langacker (1990, 267) より抜粋）．

　動詞 run の場合，[rapid 2-legged locomotion (person)]（(人間の)2 本足による素早い移動）という意味が，定着度や認知的際立ちが高く，また習得も早くて，中立的なコンテクストで最も想起されやすいという特徴をもつ．そのため，その意味がプロトタイプ的意味と考えられる．また，[rapid 4-legged locomotion (animal)]（(動物の)4 つ足による素早い移動）という意味は，このプロトタイプ的意味からの拡張であり，プロトタイプとの類似性によって動機づけられている．この 2 つの意味の類似性を表すスキーマとして，[rapid n-legged locomotion]（n 本足による素早い移動）が抽出され，その 2 つの意味と抽出されたスキーマとの間には，具体化というカテゴリー化関係が成立する．このことは，そのスキーマから 2 つの意味に伸びている，実線の矢印によって示されている．

　また，ネットワークは，ノードとノードどうしを結ぶカテゴリー化関係だけでなく，個々の意味の慣習化の程度(定着度; ⇒ 第 3 章 3.1 節)や，認知的際立ちの程度の違いも反映している．図 1–11 において，慣習化の程度や際立ちの大きさの違いは四角の枠の線の太さで表されており，太線，細線，破線の順に，度合いが低くなる．たとえば，[rapid 2-legged locomotion (person)] は，際立ちや定着度が最も高いプロトタイプ的意味であるので，太線の枠で囲まれている．一方，[rapid 4-legged locomotion (animal)] や [rapid n-legged locomotion] は，プロトタイプ的意味より際立ちが低いので細線の枠である．また，[rapid motion]（速い動き）は，[rapid n-legged locomotion]，[rapid mechanical motion (engine)]（機械

類の速い動き), [rapid fluid motion (water)] (液体の速い動き) の3つの意味から抽出されたスキーマであるが, かなり抽象度が高く, 慣習化の程度も低いため, 破線の枠で囲まれている.

ただし, このような際立ちは固定したものではなく, 変化しうるものである. ネットワーク・モデルでは, 慣習化の程度だけでなく, コンテクストの影響も自由に取り込むことができる. 中立的なコンテクストでは, プロトタイプ的意味が他の意味より想起されやすい. しかし, たとえ慣習化の程度が低い意味でも, コンテクストによって活性化される(認知的に際立つ)場合がある. たとえば, 政治に関する特別なコンテクストが与えられると, 想起されるのはプロトタイプ的意味ではなく, [competitive political activity (candidate)] (政治的な役職に立候補する) の意味のほうである.

また, 比較的大きいネットワークの場合, 拡張された意味がさらに拡張していき, 意味の連鎖を形成していくことは珍しくない. その場合, ネットワーク上では, 意味どうしが隣接していれば, その2つの意味の関係が近い(直接的である)ことを示し, 遠ければ関係も遠い(間接的である)ことを示している. たとえば, 図 1–11 において, [rapid fluid motion (water)] という意味は, [rapid mechanical motion (engine)] という意味と非常に近い関係であると言えるが, [competitive political activity (candidate)] という意味とは遠い関係にあることがわかる.

カテゴリーは固定的なものではなく, 意味拡張を繰り返すことで外側に拡がり, スキーマ化・具体化を繰り返すことによって上下方向に拡がっていく. そのため, 抽出されるスキーマは1つとはかぎらず, 局所的なスキーマからより高次の一般的スキーマまでの, さまざまな抽象度のスキーマが抽出され, 拡張の連鎖を生み出していく. 動詞 run の例で示すように, 語彙的なカテゴリー化の特徴づけには, プロトタイプとスキーマを用いることが有効であるが, 語彙的カテゴリーは非常に複雑であり, 必ずしも各カテゴリーに1つの明白なプロトタイプや, 最も抽象的な意味である「超スキーマ」(superschema) が存在するとはかぎらない. プロトタイプが複数存在する場合もあれば, コンテクストや時代の移り変わりによって

プロトタイプが変わることもある(⇒ 第3章3.3節).

したがって，ある言語体系に含まれる語の慣習的な意味は，1つのプロトタイプや1つのスキーマに関するものではなく，その意味ネットワーク全体と関連しており，私たちの言語的な知識は，こうしたネットワークによって特徴づけられなければならないのである．

1.4.4 音韻ネットワーク

前節では，意味のネットワークについて見てきたが，本節では，音韻論について見ていく．伝統的な音韻論は，古典的なカテゴリー観に最も影響を受けている分野である．以下では，音韻論で取り上げられるいくつかの現象を，Langacker の提唱するネットワーク・モデルを使って統一的に扱えることを示す．

音素とスキーマ

私たちが音声を用いてコミュニケーションをする場合，話し手と聞き手の間でやりとりされるのは物理的な「音声」であり，その音声と結びついて想起される意味が話し手と聞き手の双方で一致した場合，コミュニケーションが成立したと言える．双方でなされる実際の発話は音声の連続体であり，その連続体を，単音を基本とする音声表記で表そうとしても，常に変化している音の実相とイコールにはならない．精密な表記をめざしている場合にも，必ず連続体を区切らなければならず，単音というカテゴリーに依存したある種の抽象化が行われているのである．

音韻論は，音声のさまざまな実現をありのままに扱おうとする音声学と，緊密な関係にある．伝統的な音韻論では，ある言語において，同一の「機能」を果たしているとみなされる最小単位の「音素」(phoneme; / / で示す)を設定し，その言語の音素の体系や，音素どうしの結びつきに見られる交替や制限を記述する．同じ音素に該当すると解釈される単音を「(変)異音」(allophone / variant) と言い，/ / で表される音素の音声的な変種として，[ ] で表す．

上で言う「機能」が明確になるのは，意味の弁別においてである．日本

語では，[kata], [kama], [kasa], [kaba] のそれぞれ 3 番目の単音が異なることによって，「肩」「鎌」「傘」「カバ」が区別され，それらの単音に対して，/t/, /m/, /s/, /b/ という別々の音素を抽出することができる．他方，[kasa] と [kaθa] の [s] と [θ] の違いは，日本語の話し手にとって意味を弁別する働きをもたない（日本語の話し手にも「サ，セ，ソ」の子音を [θ] で発音する人はかなりいる）．この 2 つの音は異なる機能をもつものとはみなされず，ともに同一音素 /s/ の現れであると考えられる．この点，英語の場合とは異なる．たとえば，math と mass の語末の [θ] と [s] は，意味を弁別する働きをするので，英語には 2 つの音素，/θ/ と /s/ を立てなければならない．

　次に，音素の実現形である変異音と，それらが現れる位置（または環境）との関係について，別の例で見てみることにしよう．現代日本語の「ア」という音は，単純に音声記号 [a] で示されるが，実際は発音する人によって異なるし，また同じ人でも 1 回 1 回の発話ごとに異なる．このような音声的な違いはたやすく意識できるのに対して，音の結合などの環境によって規定される違いは，一般には意識されにくい．たとえば，[pa] [ta] [ka] のそれぞれの [a] の実相がすべて異なっていても，それは意識されにくい．また，[k] のような子音においても同様で，[ka] [ko] [ke] ではそれぞれの場合で，[k] は後の母音の影響を受けて互いに異なって現れる．これらの音は，前後の音との結合のあり方に応じて，その姿にふさわしい形で現れているのであって，たとえば，[o] の前には [ka] の [k] はこないというように，互いの置き換えはできないのである．

　こうした例が示すことは，音声連続の中に現れた音は，環境によって決定される結合変異音（combinatory variant）の一種であるという事実である．結合変異音といえば，相補的な分布（complementary distribution）として現れる変異音として取り上げられることが多い．たとえば，英語の破裂音 /p/, /t/, /k/ は，pie, tie, kite の語頭では [pʰ] [tʰ] [kʰ] の有気音で，spy, stay, sky など s の後では [p] [t] [k] の無気音で現れ，それらは相補分布を示す．上にあげた音声連続の内部に現れた母音 [a] や子音 [k] についても，まさに同様のことが言えるのである．

伝統的な音韻論では通常，単独の [a] や，[ᵖa], [ᵗa], [ᵏa]（p, t, k の後に現れるそれぞれ実相の異なる母音 a を，仮にこのように表記する）に関しては，それをひとまとめにする /a/ という音素を立て，それぞれの音をその異音とする．

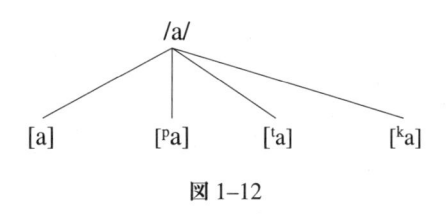

```
              /a/
          ／ ｜ ｜ ＼
        [a] [ᵖa] [ᵗa] [ᵏa]
```

図 1-12

一方，Langacker のネットワーク・モデルでは，母音単独の [a] と上記の [ᵖa], [ᵗa], [ᵏa] について次のように示している（Langacker 1990, 273）．

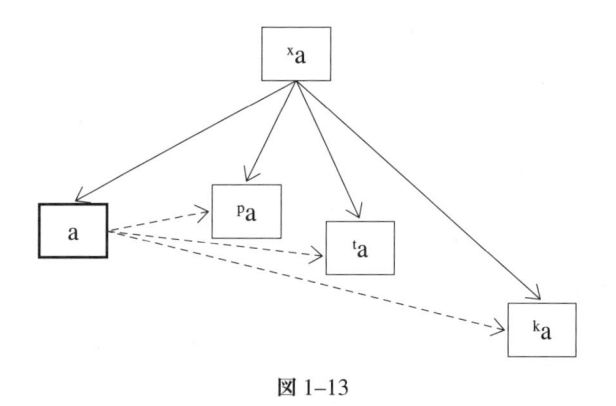

```
           ˣa
      ／  ↓  ＼  ＼
     a   ᵖa   ᵗa   ᵏa
```

図 1-13

[a], [ᵖa], [ᵗa], [ᵏa] のうち，[a] がプロトタイプで，他はそこからの拡張と考えられている．図のいちばん上位に位置する ˣa は，具体的に現れた要素をひとまとめにするスキーマであり，音素に相当するものに等しい．すなわち，音素とスキーマは，ある種の抽象化の過程が入っている点で共通していると言える．

しかし Langacker は，音素というある特別なレベルを設けない．あるのは具体例とスキーマだけであり，そのスキーマは，抽象度が異なる相対的な関係の中に位置づけられる．従来の古典的な言語学の音を扱う部門は，音声レベルと音韻レベルの2層からなり，それらの厳密な区別が要求されてきたが，スキーマの考え方はこの境界を設けない．スキーマの考え方を用いれば，従来の音声レベルの抽象度の違い(「精密表記」と「簡略表記」にあたる)や，また音韻レベルにおける音素よりさらに抽象度の高いもの(たとえば「自然類」(natural class)，すなわち [p] [b] [m] などの「両唇音」や [b] [d] [g] などの「有声破裂音」のように，共通の音声特徴などを備えている音のグループ)に関しても，それらをカバーする全体的なネットワークとして，連続的に捉えることが可能である．

また古典的な音韻論では，「基本異音」という考えはあるものの，それぞれの異音どうしは原則的には対等な資格をもつ．それぞれの具体的な異音は，使用頻度とは無関係に，音声連続の横並びの位置関係の中でその出現を決定づけられていると考えられており，プロトタイプという特別な成員を設けて，他はそこからの拡張で導くという過程を想定していない．

さらに Langacker の音のネットワークで注目すべき点は，[プロトタイプ……>拡張例]という基本的な関係が，意味の面だけでなく，音の面でも共通したモデルで考えられるということである (Langacker 1990, 274)．

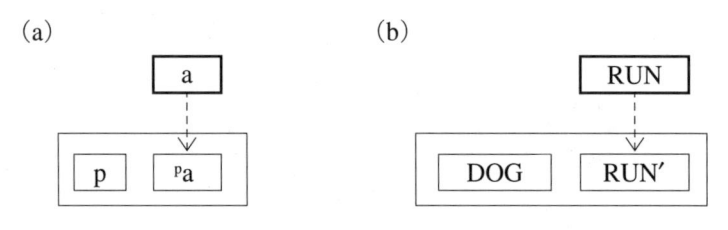

(a)　　　　　　　　　　　(b)

a		RUN
↓		↓
p	ᵖa		DOG	RUN′

図 1–14

図 1–14 (a) では，プロトタイプ [a] から [p] の後に現れる結合変異音 [ᵖa] が，環境に応じて拡張によって導かれる．同様に，(b) の語彙の面で

は，プロトタイプである [RUN]（2 本足の素早い移動）という意味から，その拡張である [RUN′]（4 本足の動物の素早い移動）という意味が，DOG の後の環境に合わせて現れる．このように，音の面，意味の面の双方が同じ道具立てで処理されるところに，大きな理論的な利点があると言えよう．

以下では，具体的に，現代日本語の撥音「ン」と促音「ッ」を取り上げ，それらの音のネットワークを考えてみよう．

現代日本語の撥音（/N/）

現代日本語の撥音「ン」は，「カ」/ka/ や「ソ」/so/ のような CV（子音＋母音）構造の音と同様，かな 1 文字に相当する「1 拍」と，時間的に同じ長さをもつと感じられる（たとえば，「たんき」と「たぬき」はどちらも 3 拍である）．私たちが認識する撥音「ン」は，実際はさまざまな音声的ヴァリエーションをもつ．そして，それらの現れは下のような音環境によって条件づけられている（例は斎藤（1997, 93）にあげてあるものにいくつか補足している）．

(7)　「ン」のヴァリエーションとその環境（括弧内は例）
　　a.　[N]：語末　（三 [saN], 本 [hoN]）
　　b.　[m]：p, b, m の前　（三分 [sampuN], 三倍 [sambai], 本も [hommo]）
　　c.　[n]：t, d, n の前　（三体 [santai], 三台 [sandai], 本の [honno]）
　　d.　[ŋ]：k, g, ŋ の前　（三回 [saŋkai], 三階 [saŋgai], 本が [hoŋŋa]）
　　e.　鼻母音：母音の前　（三を [saão], 本を [hoõo]）

これらのヴァリエーションは，後続する音の性質によって「ン」の種類が決まる，いわゆる結合変異音である．

従来の音韻論では，それらの変異音に対して，撥音「ン」の音素 /N/ を設ける．この撥音「ン」の例は，音素 /N/ のそれぞれの異音が相補的分布

をなす例として，よく引き合いに出されるものである．

　ここでの撥音のプロトタイプは，語末に現れる [N] だと仮定できる．その他の結合変異音は，その環境に同化した姿で現れ，その具現の仕方は音声的に説明がつくのに対して，語末の [N] は環境による説明がつかず，独立した性質をもつと考えられるからである．たとえば，(7b) の場合，後続の子音 p, b, m は両唇音であり，それと同じ調音点の鼻音 [m] が現れる．(7c) から (7e) についても同様に，後続の音と同化した鼻音が現れている．しかし，(7a) に示す口蓋垂鼻音 [N] の現れは，語末であるという環境によって説明がつくものではない．また，(7b) の「三分」を区切った発音 [sa・m・pu・N] は [sa・N・pu・N] でもよく，[N] は (7b) から (7e) のいずれの場合にも現れうる．しかし，[m] や [n] などの他の音では，そのような交替はできない．したがって，[N] が撥音のプロトタイプであると考えられるのである．

　次に，撥音に現れる変異音 [m] について見てみよう．たとえば，「さんぷん」「テンポ」「おんぱ」の撥音はすべて [m] で現れる．[m] は，[N] が [p] の前に現れる環境において現れ，プロトタイプ [N] からの拡張として導かれる．こうしたスキーマ(共通性)は，個々の具体事例から抽出される．個々の具体事例とスキーマの関係は，図 1–15(a) のように示される．

　さらに [N] は，p だけでなく b, m の前で [m] になる(例: 半分 [hambuN]，さんま [samma])．[N] の後の p, b, m は両唇音であるので，この点について，さらに上位のスキーマが抽出されうる (C^{bil} は，両唇子音 (bilabial Consonant) を表す)．このことをまとめると，図 1–15(b) のようになる(個々の事例は省略)．

　同様に，撥音のプロトタイプ [N] が歯(茎)鼻音の [n] で現れるときも，図 1–16 のように表すことができる．上位スキーマに現れる C^{den} (歯(茎)子音 (dental Consonant))は，後続する [t], [d], [n] の共有する音声的な特徴を表し，撥音の変異音 [n] が現れる音環境はこれを用いて示すことができる．

(a)

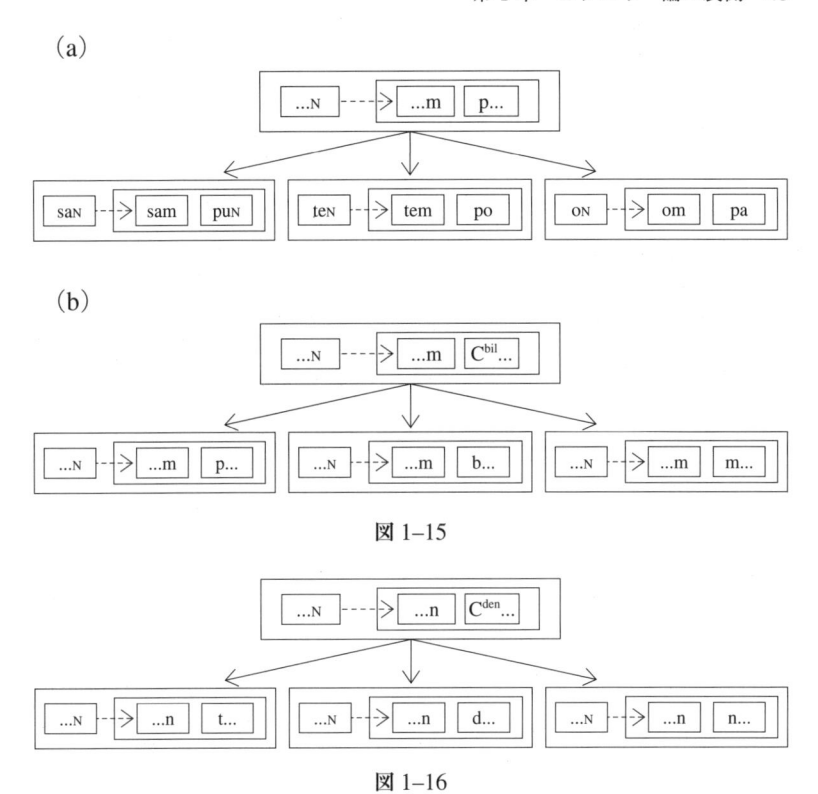

```
                    ...N ---> ...m  p...
         ↙                     ↓                    ↘
  saN --> sam  puN      teN --> tem  po       oN --> om  pa
```

(b)

```
                 ...N ---> ...m  C^{bil}...
        ↙                    ↓                   ↘
 ...N --> ...m  p...   ...N --> ...m  b...   ...N --> ...m  m...
```

図 1–15

```
                 ...N ---> ...n  C^{den}...
        ↙                    ↓                   ↘
 ...N --> ...n  t...   ...N --> ...n  d...   ...N --> ...n  n...
```

図 1–16

　これまで見てきたことを含めて，撥音のネットワークの一部を表すと，次ページの図 1–17 のようになる（個々の音環境における具現の例は省略してある）．語末に現れる撥音[N]をプロトタイプとみなし，後続する環境に応じて拡張形が現れる（ここでは語末であるという環境を強調するため，[...N#] と表す）．図中の S^{nas} は，後続する母音か子音の任意のセグメント（音声断片）S に対する鼻音，C^{nas} は後続する子音 C と同じ調音位置の鼻子音，V^{nas} は後続する母音 V と同じ構えの鼻母音，C^{vel} は［k］［g］［ŋ］といった軟口蓋子音（velar Consonant）を示している．

　上記の (7) のように示された変異音と環境との関係は，図中の太線の枠で囲まれたスキーマに相当し，一見，スキーマは従来の音韻規則となんら

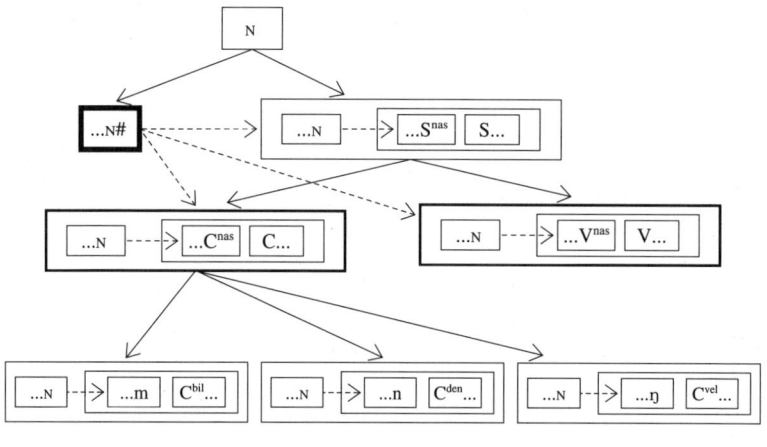

図 1–17

変わらないように思われるかもしれない．しかし，図 1–17 のようなネットワークでは，具体事例も抽象度の異なる「音韻規則」もすべて，ボトムアップ式に作り上げられたカテゴリー化関係の中で捉えることを可能にする(スキーマと規則との違いについて，詳しくは第 3 章 3.4 節を参照のこと)．

現代日本語の促音（/Q/）

促音は，音声的には語中の子音が重子音化（gemination）したものと，一般には解されている．

（8）一拍 [ippaku]　一卓 [ittaku]　一画 [ikkaku]　一作 [issaku]

これらの重子音の種類は異なるが，私たちはそれぞれの重子音の前半部に共通するあるもの，すなわち「促音」があると認識する．促音は，撥音と同様，かな 1 文字に相当する「1 拍」の長さをもつ(たとえば，「カット」と「かぶと」はどちらも 3 拍である)．

標準日本語の和語や漢語において，促音が現れる環境には制限があり，無声子音 /p/, /t/, /k/, /s/ の場合しか促音は現れない(ここでは破擦音の

場合を /t/ に含めるものとする．また方言の形は除く）．伝統的な音韻論では，促音の音素 /Q/ を想定し，(8) は以下のように表記される．

（9） 一拍 /iQpaku/，一卓 /iQtaku/，一画 /iQkaku/，一作 /iQsaku/

ここでの促音，[pp] /Qp/，[tt] /Qt/，[kk] /Qk/，[ss] /Qs/ はそれぞれ対等である．したがって，ネットワーク・モデルで促音の体系を捉える際に，これらの内部では，他を拡張によって導くプロトタイプは設定できないと思われる．むしろ，これらの具体事例からスキーマが抽出されると考えられる．[p], [t], [k], [s] は，無声阻害音 (voiceless obstruent Consonant: $^{vl}C^{obs}$) としてまとめることができ，ここでの促音はそれらが重なって現れることから，重複部の前半部を Q で置き換えて，Q $^{vl}C^{obs}$ で表されるスキーマが想定できる．このスキーマは，語彙の頻度の面でも，語構成の生産性の面でも，促音の典型と考えられ，これをプロトタイプとすることができる．

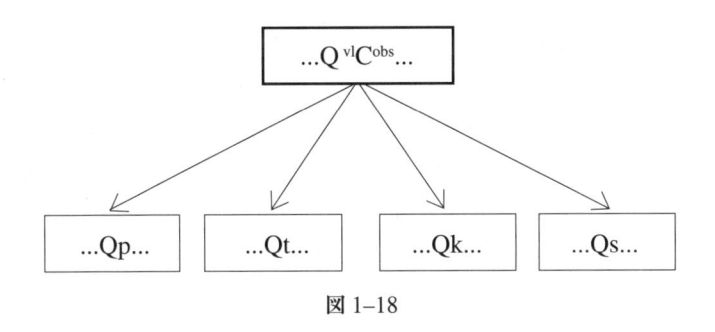

図 1–18

一方，上記 [p], [t], [k], [s] 以外の子音，たとえば有声子音の促音は，外来語において現れる．

（10） ウエッブ [uebbu]　　ベッド [beddo]　　バッグ [baggu]

これらの有声阻害音 (voiced obstruent Consonant: $^{v}C^{obs}$) の促音は，主に外来語に現れることから，無声阻害音 ($^{vl}C^{obs}$) からの拡張と捉えることができる．その際，スキーマ Q C^{obs} (Q + 阻害音) が抽出されるが，促音の

ネットワークの中では，その存在は必ずしも際立つものではない．

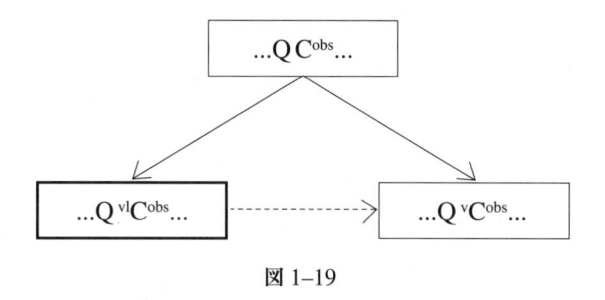

$$...QC^{obs}...$$

$$...Q^{vl}C^{obs}... \quad \dashrightarrow \quad ...Q^{v}C^{obs}...$$

図 1–19

　他方，さらに周辺的なハ行の子音の促音の場合を考えよう．ハ行は一般に，[ha] [çi] [ɸu] [he] [ho]で音声表記される音で現れ，[h] [ç] [ɸ]は環境変異音として，従来，音素 /h/ の実現形として記述されてきた．ここでの枠組みにおいては，音素は具体例から抽出されたスキーマに相当すると考えられるので，以下の / / の表記は伝統的な音韻表記であると同時に，音のスキーマを表していると規定して話をすすめることにする．

　さて，ハ行子音 /h/ は，/s/ と同様，無声摩擦音のスキーマであるが，/s/ の場合と異なり，その前の促音はきわめて限定された語にしか現れない．すなわち /h/ の促音が現れるのは，マッハ，ケッヘル，ワッフルなど少数のかぎられた外来語だけである．和語や漢語では，/h/ の促音 /Qh/ は現れず，代わりに，形態音韻論的交替である /h/ と /p/ の交替が起こり，Q の後は /p/ が現れる．以下の例は，数の「一」/ici/ が，頭に /h/ をもつ後部要素に接続したときに，規則的に /Qp/ が現れることを示す．

(11)　a.　一 + 拍　/ici-haku/ → 一拍　/iQpaku/
　　　b.　一 + 本　/ici-hoN/　→ 一本　/iQpoN/
　　　c.　一 + 分　/ici-huN/　→ 一分　/iQpuN/

しかしながら，固定的にしか現れないはずの /Qh/ が，限定された外来語以外においても，以下のように現れることがある（ローレンス 1999; Lawrence 2001）．

(12)　a.　十針　　/zjuQhari/

b. 十部屋　/zjuQheja/
c. 絶不調　/zeQhucjoR/（「絶好調」の反意語）

通常，「十」の後の無声阻害音（$^{vl}C^{obs}$）はそのまま接続し，和語や漢語の場合，「十」の後の /h/ の促音は /Qp/ に交替する．これらの実例と交替の有無は，(13) のようにまとめられる．

(13)　　〈単独形〉　　〈十～〉　　　　　　　　〈交替の有無〉
　　a.　回 [$^{vl}C^{obs}$…]　十回 [[zjuQ] [$^{vl}C^{obs}$…]]　[$^{vl}C^{obs}$…] のみ
　　b.　本 [h…]　　十本 [[zjuQ] [p…]]　　　[h…] と [p…] の交替
　　cf. 針 [h…]　　十針 [[zjuQ] [h…]]　　　[h…] のみ

しかしながら，(12a, b) では，おそらく「十」という複合語前部要素の zjuQ という形態素が確立し，後続する「針」/hari/，「部屋」/heja/ の /h/ の子音に変更を加えることなく接続できるように拡張したと言える．一方，(12c) の「絶不調」の場合は，〈絶好＋調〉→〈絶＋好調〉の異分析 (metanalysis) により，「絶」が接頭辞となり，「好調」の反対語である「不調」にもつくようになったものである（ローレンス 1999, 25; Lawrence 2001, 969）．これも，接頭辞「絶」zeQ という形態素が確立し，後部要素が形を変えないまま（つまり /h/ のまま）接続できる例として考えることができる．

そこで，これらの具体例から抽出される Qh を，プロトタイプ Q $^{vl}C^{obs}$ からの拡張として，以下のように示す．

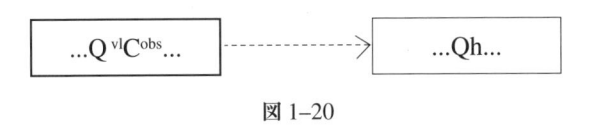

```
┌─────────────────┐         ┌─────────────────┐
│   ...Q ᵛˡCᵒᵇˢ...  │ - - - → │     ...Qh...    │
└─────────────────┘         └─────────────────┘
```

図 1–20

先にあげた「マッハ，ケッヘル，ワッフル」のような，きわめてかぎられた語中に Qh がすでに存在していたのは，確かである．しかし，これらの Qh はスキーマとしてはきわめて脆弱で，実際の言語使用では，個々の具現形そのもの（「マッハ」など）が直接想起され，用いられるにすぎない．

あらためて Qh というスキーマが確固とした存在になりえたのは,「十針」/zjuQhari/,「十部屋」/zjuQheja/,「絶不調」/zeQhucjoR/ などが生産的に用いられるようになってからである.

このように,Qh のスキーマが誕生したことによって,無声子音のラインアップがそろったことになる.先に述べた /p/, /t/, /k/, /s/ の無声阻害音のプロトタイプから,有声阻害音 /b/, /d/, /g/, /z/,最後に /h/ の音へと,Q に隣接する子音はその範囲をどんどん広げ,ほとんどの子音をカバーするまでに拡張していったと言える.

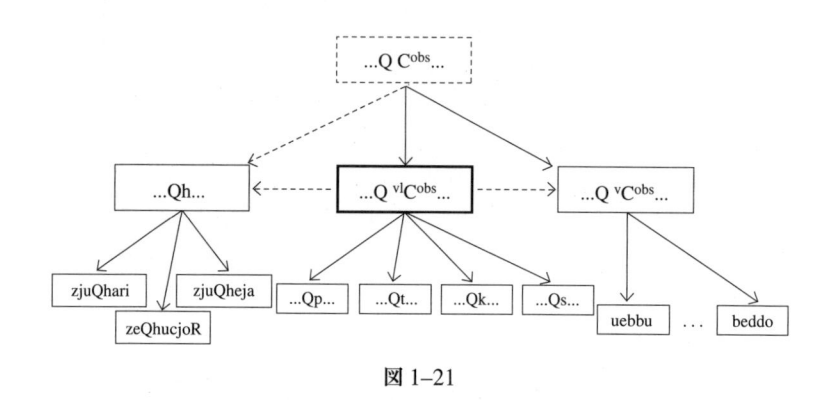

図 1–21

以上,現代日本語の撥音と促音について見てきた.撥音と促音は,現代標準語では,5 段活用動詞のタ形・テ形の音便に現れること(例:かむ→かんだ,いく→いって),アクセントの下がり目をそこに置けないことなど,共時的に共通した特徴をもつ.また,これらは古い日本語では存在せず,後の時代に発生し徐々に定着したものであることなど,通時的にも共通性をもつ.これら撥音と促音は,日本語音韻論では,「特殊拍」と呼ばれるものである(特殊拍には長母音の後半の拍も含まれるが,ここではふれない).

日本語の音韻体系を捉える場合,スキーマを用いた考え方では,CV(子音＋母音)構造(日本語では,かな 1 文字に対応する)をもつ中心的な拍スキーマに対して,先にあげた周辺的な拍を統括する上位スキーマである

「特殊拍スキーマ」を考えることができよう．このような「特殊拍スキーマ」の抽出方法の原理は，一見，従来の音韻論とほとんど変わるところはないが，抽象化の段階に応じて生じた上位と下位のスキーマどうしの関連づけや，プロトタイプからの拡張を用いることによって，拍構造のネットワークの一部がより動的な形で明らかになったのではないかと思う．

1.5 結　語

　私たちを取り巻く環境は，実のところ連続的で，形などない，そのままではとうてい捉えどころのないものである．そうした環境を非連続で捉えやすい単位に分けて整理して，はじめて，私たちはその環境を理解し，さまざまなものごとに対処することができる．言い換えれば，環境を理解する過程がまさにカテゴリー化の過程であって，カテゴリー化の能力は，私たち人間にとって不可欠な認知能力の1つなのである．私たちが作り出す個々のカテゴリーは，これまで見てきたように，古典的カテゴリー観が想定するような固定的なものでは，けっしてない．むしろ，現実世界の変化に応じてそのつど再編しなおしたり，新たに生じたものを既存のカテゴリーに積極的に取り込んだりする，大きな柔軟性と創造性をもっている．

　このように，カテゴリーについての考え方は，長い歴史と伝統を経て，20世紀になって新しい変革をとげた．プロトタイプによるカテゴリーは多くの知見をもたらし，認知言語学の隆盛の土台となった．そして主として数多くの多義性に関する分析に応用され，その意味の成り立ちの一端を明らかにしてきた．また，スキーマという概念を統合することにより，カテゴリーを，内部構造をもったものとして，さらに包括的な形で明らかにすることが可能となったのである．

　こうしたプロトタイプとスキーマを統合したカテゴリー論は，その他の認知能力や使用環境における頻度などの要因も取り込んで，文法知識全般にも適用されようとしている．そこでは具体的な用法に基づき，その一般性を抽出することで，しだいに言語の法則性を導き出し，記憶に格納していくというプロセスが想定されている．その文法モデルについては，次章以降で概観する．

第2章　用法基盤モデルの理論的背景

　従来の言語学では，言語表現を研究対象とする際に，ある1つの手続きがとられてきたと言ってもよい．その手続きとは，問題となる言語表現を文脈(コンテクスト)や場面・状況から切り離すことであり，結果として，表現そのものの「文字どおりの」意味や構造を研究対象として扱ってきた．

　たとえば次の文は，互いに同義(意味が同じ)であるとみなされてきた．

（1）　a.　I found that she was Irish.
　　　b.　I found her Irish.
（2）　a.　I gave a present to Mary.
　　　b.　I gave Mary a present.

　これらペアの言語表現そのものは，少しずつ異なっている．しかし従来の考え方によれば，それぞれの文が描く状況は客観的には同一であるとされており，それゆえにそれぞれのペアとなる文は「同義」とみなされてきた．学校文法や英語教科での練習問題，ひいては入試問題などで，「上に見た文をそれぞれ対応するペアに書き換えよ」とする設問を見かけるが，この設問の発想はまさに，「意味の同義性」を主張する立場に暗に基づいていることになる．

　なるほど，たしかにこの2つの文が表す「客観的な」状況は，同一でありうるかもしれない．しかし現実には，それぞれの表現が最も適切に用いられる場面状況が，少しずつ異なっていることが多い．たとえば(1)のペアを具体的な状況に埋め込んでみると，その適切さの判断には差が見られる．

（3） a. When I looked in the files, I found that she was Irish.（cf. (1a)）
　　　b. *When I looked in the files, I found her Irish.（cf. (1b)）

when 節が表しているのは，「(履歴書などの)書類を見て，初めて彼女がアイリッシュだとわかった」という文脈状況であり，この状況においては，(1b) の形式では不適切である．つまり，書類など比較的客観性の高い資料に基づいて，普遍性の高い「事実」を発見した，という状況では，(1a) の形式を用いるほうが適切なのである．逆に，(1b) が好んで使われるのは，実際に彼女の発話のアクセントを聞いて，もしくは服装その他を直接見て，アイリッシュに違いないと判断するような場合である．このように，客観的に同じ状況を表していると想定されているペアも，よく観察してみると，それぞれが好む文脈(コンテクスト)や場面・状況が異なっていることがわかる．

　現実世界における言語表現は，コミュニケーション活動の文脈，場面，状況と渾然一体となって存在するものである．しかし，そういった側面は，言語研究の発展をめざす理論的な手続き上，二次的なもの，あるいは「ノイズ(雑音)」として後まわしにされてきた．この背景には理論の前提として，「人間は合理的な存在であり，言語能力は人間に遺伝的かつ内在的に備わったものだ」とする考え方があった．遺伝的・内在的な性質をもつというところから出発すれば，環境や場面などは外的・後天的な性質をもつ要素であるため，言語を生み出す内在能力の純粋な性質の追究を阻むものでしかなくなる．まさにこの前提によって，コンテクスト，言語使用場面，言語の使用者といった「変則的」な要素を次々と切り捨て，「余分な」ものをそぎ落とした，いわば真空状態のように理想化した形での言語研究が，理論的必然として進められてきたのである．

　一方，認知言語学のアプローチでは，コミュニケーションという意味機能こそが，言語の一義的な役割であると考えている．コンテクスト，場面，使用者などといった言語外的要素は，言語と密接不可分な関係をもち，これらを合わせて考慮して初めて，現実の言語の姿を説明できると考えてい

る．そして，研究対象とする言語能力を，人間に先天的に備わっている合理的側面だけにかぎらず，後天的な経験学習能力の役割をも合わせて重視し，言語の一般的規則性が学ばれていくそのプロセスをも明らかにすることで，できるかぎり現実に即した理論化を行うことをめざしている．つまり，従来主流となっていた言語観が主として研究対象とするものと，認知言語学的立場のそれとは，そもそも異なっていると言えよう．

以下では，この認知言語学の考え方を，これまでの言語学の中で一大勢力を誇っている生成文法の考え方と比較・対照することで浮き彫りにしていく．

2.1 生成文法の言語理論

文法とは，何だろうか．何を知っていれば，ことばをこんなに自由に話すことが可能となるのか．言語学では，それは私たち人間がもっている，ことばを生み出すことを可能にする「知識」だと考えている．この知識のことを，「文法」（あるいは文法知識）と呼んでいる．

20世紀後半に言語学の分野を席巻してきた言語理論では，言語の性質における学習や経験の重要性をできるかぎり縮小し，人間に生まれつき内在的に備わった文法能力としての言語を捉えようとしてきた．この態度は，大きく3つのキーワードに収束できる．すなわち，「ミニマリズム（極小主義）」，「還元主義」，そして「トップダウン」である（Langacker 2000）．以下，それぞれについて説明しよう．

人間の言語の文法は，きわめて複雑でかつ抽象的な体系をなすものであるが，どの子どもも一様に，母語を獲得することが可能である．その一方で，外界からの刺激として子どもが実際に耳にするデータは，あまりにも数がかぎられており，簡単で単純なものに限定されることが多いのが現状である．また人間は，非文法的とされる言い間違いなどを周囲の大人から聞くことも多いのに，子どもは文法的に正しい表現がどういうものかという文法判断を，きちんと会得するようになる．このようなことを考え合わせると，刺激としての言語入力とそれに基づいた学習だけで，人間が言語の文法体系を獲得するとは考えがたい．この「刺激の貧困」（poverty of stimulus）説に照らして私たち人間の言語体系の「現実」を説明するには，1つの考え方に行き着かざるをえない．これがチョムスキーの論法である．すなわち，この飛躍的な言語能力の発達は，学習だけに還元できるものではなく，これを説明するには，「普遍文法」（Universal Grammar）という文法の萌芽とも言うべきものが人間には生まれながらに備わっていて，それが外界の刺激に促されて活性化を始めると考えざるをえない，という論である．ちょうど，鳥には羽が，人間には腕があるように，文法も遺伝的に人類にのみ備わった能力だ，と考えるのである．近年の脳科学研究でも，ある種の言語障害が特定の遺伝子によって引き起こされることが突きとめられたとされており，言語能力を遺伝的なものとする説の有効性が一段と高まりを見せている．

　この考え方のもとでは，学習経験の果たす役割は，それほど大きく取り上げられてはこなかった．たとえば，一般に英語はSVO語順を，日本語はSOV語順をとるが，このように言語によって異なる文法が形成されている理由は，普遍文法におけるパラメータ（parameter）が個別言語によって異なるからだとされている．普遍文法はどの人間にも共通しているが，その実際の現れ方はパラメータの違いを通じて多様化している．学習の役割は，このパラメータ設定に寄与することだと考えられている．つまり，普遍文法を備えもっている子どもが，英語圏に生まれ落ち，まわりで話されている具体的言語表現にふれることで，パラメータ設定が行われ，普遍文法の一具体例としての英語の文法が発現する，と考える．この立場で想定されているのは，経験・学習には文法知識を形成するという積極的な意義はなく，あくまでも個別言語のパラメータ設定のひきがね（trigger）という役割しか果たしてはいないということである．多様な言語が存在するのもパラメータの違いによるのであり，具体事例の経験・学習は，そのパラメータ設定の手伝いをする程度の間接的なものとみなされている．このような，学習経験の役割を最小限にとどめ，内在的な能力に文法知識の起源を求めようとする姿勢は，「ミニマリズム」と規定できる．

　この，人間に内在的に備わった普遍文法とは，端的に言えば，抽象的な文法規則を生み出す原理原則の集合体だと考えられている．規則の数は有

限だが，それらが互いに組み合わさって働くことで，文が無限に作り出されていくことになる．逆に言うと，有限個の規則が相互作用することによって，すべての文がなぜその形式になるのかが説明できることになる．このように，さまざまな文法現象が，究極的にはすべて普遍文法の具現化である「規則」で説明できるという姿勢を，「還元主義」と規定できる．初めから人間に内在している規則がさまざまな文を作り出す，と考えていることから，この立場では文法を「トップダウン式」なものとみなしていることになる．

　このように，人間が合理的な生き物であり，言語の文法をつかさどる合理的な規則の体系を生得的に所有しているとする考え方に基づき，20世紀の後半にはさまざまな研究が積み重ねられ，文法研究は統語論を中心として飛躍的な発展をとげた．その分析対象として扱われる言語現象は，人間の文法規則がもつ原理原則のみが純粋に生成する「規範的な」ものだけにかぎられることとなり，現実にあふれている，規則からはずれるような言語現象は，「別のシステムで扱う」ものとして，研究すべき対象からは必然的にはずれるものとなる．

　たとえば，イディオム表現，既存の表現のパロディ，話者による判断の揺れ，メタファー・メトニミーなどの比喩表現，新規のキャッチコピーや若者ことばなどは，規則で産出される「理想化された正しい文法能力を反映した言語表現」ではない(とみなされる)ことが多い．具体的な例として，次のような文は，英語の正統的な文法規則という観点からは奇異に感じられる．しかしこれらの表現パターンは，現実にネイティヴが使用するものである．

(4)　a.　What, me worry?　　　　　(Lambrecht 1990, 215)
　　　b.　There was a farmer had a dog.　(Lambrecht 1988, 319)
　　　c.　It's amazing the people you see here.
　　　　　　　　　　　　(Michaelis and Lambrecht 1996, 215)

これらの表現は，「合理的な存在であるはずの人間が，外界の『ノイズ』にさらされた結果，その能力の出力がなんらかの形でゆがめられてしまっ

た例」とみなされてきた．つまりこのアプローチでは，「人間はその存在の最初から合理的である」という前提に立つため，その追究の対象である人間の文法能力を，「外界のノイズにふれない真空・無菌状態」での能力に限定することになる．したがって，理論的に重要なものとして考察の対象とする言語データも，文法規則が産出できる範囲のものにかぎられることになる．その結果として，(4)のような表現は，現実の言語現象であっても人間の合理性を直接反映するものではないため，その能力が後天的に邪魔された結果の「雑データ」として捨て置くか，あるいは言語生成能力ではなく言語運用能力という別のシステムで扱うべきデータであるとして，その言語理論の守備範囲外に置かれてきたのである．

　また，文法規則を生み出す原理原則のもつ生産性を重視するならば，たとえ容認性の低い不自然な文であっても，規則が産出する「文法的」なものであるかぎり，研究対象とすることになる．生成文法の分野で扱われる事例は，「文法性の尺度」によって測られるものであり，母語話者が判断する「容認性の尺度」よりもその範囲が広いため，現実の用例としてはあまり用いられない事例を扱うことも多い．しかし，不自然だが文法的な文と，非文法的な文とは，常に必ず明確な線引きができるわけではない．また，文法的だが不自然で通常用いられないのであれば，人間は文法規則のもつ無限の可能性のうちの一部しか，現実には活用していないことになる．

　このように，生成文法的アプローチでは，人間の合理性を追究するという目的のもと，考察対象となる言語現象にも，そしてそれを発話する人間にも，ひいては人間のもつ文法能力に対しても，かなりの理想化を行う必要がある．現実の人間がさらされている言語環境・文脈などの要因は，言語能力が本来もつ合理性を乱すものとして，言語研究の手続き上，できるだけ排除され，考慮の対象外とされてきたことになる．

2.2　認知言語学的アプローチの守備範囲

　生成文法的アプローチでは，「刺激の貧困説」に基づき，学習の役割を最小限に考えざるをえないとしてきたわけだが，はたして本当に学習の余

地はないものなのだろうか.

「学習の際に人間がさらされる言語刺激はかぎられている(だから内在的な言語装置をあらかじめ仮定しなければ説明がつかない)」という「刺激の貧困」説には，実は統計などの具体的な根拠があるわけではない.逆に，私たちが子どもの頃から見聞きする言語データが，実際にはそれほどかぎられた一様なものとは言えないのではないか，ということを示唆する研究結果が，近年発表されつつある.たとえば，「刺激の貧困」説で前提とされている「言語刺激」とは，子どもに向けて直接発せられたもののみが想定されている傾向があるが，子どものまわりで語られている言語刺激(たとえば，子どもに対して向けられたものではない親どうしの会話などがこれにあたる)も合わせれば，その量は実際には格段に増える.現実に子どもは，言語獲得の初期の段階から，かなり豊かな言語刺激を入力情報として与えられており，生後7カ月までには600万語を，また3歳までには1,000万から3,000万語を耳にしているとする試算もある(Hart and Risley 1995; Li and Shirai 2000, Ch. 8).

「刺激の貧困」説を支持する論として，従来「助動詞前置」(auxiliary fronting)の例が持ち出されてきた.たとえば英語の Yes-No 疑問文は助動詞を主語の前に置くことで形成されるが，(5)のように少し複雑なものになると，主語に後続する助動詞を単純に前置させるだけでは不十分である.このような複雑なデータに現実に出会うことはあまり考えられず，したがって経験による学習を可能にするほどの「刺激」があるとは言えない，というのがその論旨であった.

(5) a. Can those who are leaving early __ please sit near the door?
　　 b. Is the boy who was crying __ still here?
　　 c. Will those who are coming __ raise their hands?

(Pullum 1996, 503)

しかしこれらに相当する例は，コーパス・データの中で，想定される以上に頻繁に遭遇するものであることが明らかにされている(Pullum 1996; Li and Shirai 2000).もし，このような表現をある程度耳にするチャンスが

あるならば，子どもは構造依存的な規則を経験から引き出す可能性がないとは言えない．もちろん，言語刺激の量を多いと見るか少ないと見るかは，異論のあるところだろう．しかし，従来からこの「刺激の貧困」説が実際に検証されることなく，あまりにも大げさに，また無批判に前提とされてきた面は否めない．本当に「貧困」なのかどうか，現実の言語使用状況に即して検討する余地は，まだ十分に残されているのである．

また，「学習」で文法は獲得されないとする立場では，この「学習」を，「外界に存在する刺激をひたすら享受する，きわめて受動的なプロセス」として捉えているようである．たしかに，オウムや九官鳥のように，言語刺激を一方的に与えられ，それに反応するという機械的なプロセスを想定しても，最終的に文法知識を形成し文法能力を発達させることを説明できないだろう（第7章7.1節も参照のこと）．この「学習」観では，子どもというものがただひたすら受け身であり，言語刺激を受けとるのを待っている存在だとされているようである．実際に生成文法的モデルでは，子どもが言語刺激の「シャワー」をある程度浴びることで，それがきっかけとなって自動的にパラメータ設定が行われ，潜在的言語能力が効力を発揮すると捉えている．

しかし最近の認知科学の分野では，子どもは刺激入力をただ待っているだけの受動的な存在ではなく，身のまわりの外界情報の中で，自分と関わりがあるものを主体的に選びとる存在だと認識されている．子どもが自らの興味に応じてその着目する場面を限定したり，相手の意図を読んだり，存在物から現在の自分に関わる側面を読みとったりする主体的・能動的な能力をもっていることを学術的に明らかにする研究が，次々に出てきている（小林（1993），佐々木（1993），小林・佐々木（1999）など，アフォーダンス（affordance）についての一連の研究を参照）．たとえば，子どもがものに特殊なアクション（「スプーン」であれば，あーんと口を開けてパクンと食べるというアクション，「ボール」であれば，ぽーんと投げるというアクション，「ブラシ」であれば，髪をとかすアクションなど）を，そのものの名前を学ぶ前に獲得すること，また，そのものの名前を聞かれたときも，そのものに関する特殊なアクションを言語的に表現して答えること

が観察されている(小林 1993). さらに, 子どもはその特殊なアクションだけではなく, その事物が普段保管されている場所(たとえば台所)や, その事物が使用される出来事(たとえば食事)と事物との関係などに関する豊かな知識を, 事物の名称の獲得よりもずっと前にすでにもっていることもわかった. つまり, ある事物が自分やまわりの人々にどのような活動を可能にしているのかについての知識を, ことばを発する以前に子どもはすでに豊かに蓄えていることが, 次々に示されているのである(小林 1993).

　また子どもは, 獲得対象となる言語が用いられている文脈環境にも敏感であり, そこから当面の課題に重要とされる要因を同時に読みとる力を備えている. 周囲の意図や表情, 感情情報を利用すれば, 語彙の指示対象や構文パターンの表す意味を正しく同定できることが, 実験でも確認されている(詳しくは第7章で見る).

　子どもが主体的に情報を選びとる能力をもった存在だと考えれば, 発話内容だけではなく, 発話された場面状況, 環境そして他者といった発話外的な要因も, 言語獲得の際に重要な役割を果たしていることが容易に想定できる. 繰り返しになるが, 従来の普遍文法を前提とする立場では, 言語刺激を受けることで, 人間に内在的・生得的に備わっている普遍文法が活性化され, 個別文法を生み出すパラメータが設定されることになる, とされていた. この考え方では, 言語獲得は子どもが純粋に刺激入力に基づいて行う, 孤独かつ自動的な作業であるかのように思われる. しかし先ほど見たように, 子どもが自分との関わりの中で外界の情報を取捨選択しているならば, 言語獲得はけっして孤独な作業ではなく, 他者と作り上げた場面において, 他者との相互作用に基づいて行われる能動的なものだとする考え方が生まれてくる. 言い換えると, 人間の合理性を追究する立場ではきれいに排除されてきた, 場面・状況・環境・他者といった要素もまた, 言語獲得・文法形成において欠かすことのできない重要な役割を果たすものであり, 積極的に考慮すべきものだという考えに行き着くのである. ここでは, 親の語りかけや, 子どもの反応に対する周囲の反応, また社会的・文化的な制約なども考察の対象としており, 発達の要因を言語内に限定しない「開放性」(openness)を重視していることになる.

また，「学習」というプロセスそのものに対する研究も進められている．子どもが利用できる「学習」とは，従来批判の対象となってきた行動主義に基づく「単純な連合」や「刺激と反応に基づく条件づけ」といった受動的メカニズムにとどまるものではない．「カテゴリー化」や「類推」(⇒ 第4章4.6節)という，高度な抽象化能力を伴う積極的な方略や，ネットワーク構築能力など，能動的な側面を兼ね備えていることが明らかになってきている．文法規則的なパターンやその意味などを，子どもが経験の中から発見し創り上げていくとする考え方は，子どもの能動的な能力を考えると，以前ほど突飛なものではなくなっている．

人間が先天的に言語能力をもって生まれているにせよ，その能力をどのように開花させ，どのように母語話者としての言語知識体系を完成させるのか，そこに至るまでのプロセスを明らかにする意義は十分にあるはずである．言語刺激のシャワーを浴びているうちに言語パラメータのスイッチが入る，という仮説に立脚したとしても，現実には一朝一夕に子どもが文法を自由に駆使できるわけではない．だとすれば，子どもの文法がどのような手順を追って構築されていくのかのプロセスそのものを観察・研究する余地は，十二分にある．初期の子どもの発話にははっきりとした偏りが見られることが，実験データからも少しずつ明らかにされつつある(⇒ 第7章7.2–4節)．抽象的な文法規則体系(およびそれをつかさどる原理原則)を生まれもっているならば，なぜすべての領域にわたって(across-the-board)それが応用・適用されないのか．言語データの発現する分布に偏りがあるということは，周囲からの入力に基づいて，具体例から抽象レベルへと少しずつ部分的に文法を構築している側面があると考える可能性を示唆している．

認知言語学に基づく言語獲得観では，子どもが言語を学ぶプロセスを丁寧に観察したうえで，どうしても後天的に獲得できないとされる側面を先天的文法能力だと考えようとしている．先に述べたように，認知科学的にも，子どもは「受け身的」な存在ではなく，主体的に自分から身体的に働きかける中で，場面情報を駆使しながら言語を獲得していくことが明らかになりつつある．子どもが新しくことばを学ぶ状況は，必ずしも生得説が

前提とするほど，手がかりや入力に乏しいわけではない（Berman 1990, 1160）．文法能力が先天的にあると考えざるをえないという前提で最初から話を進めねばならないほど，子どもの能動性や学びへの意欲を過小評価することは，もはやできない．人間に生得的なのは，文法そのものというよりも，文法獲得に必要な一般的認知能力のほうなのかもしれず，今後は，何が，どんな能力が先天的なのかを問いかける段階に入っている（藤井 2001, etc）．

　ここまでをまとめよう．これまで私たちは，人間の合理性を追究する中で，学習されるデータの量も質も必要以上に過小評価してきたし，また学習する人間の側の認知能力も過小評価していたことになる．とするならば，これまで公理のように当然視されてきた「刺激の貧困」説ひいては「人間にのみ生まれつき備わった普遍文法という能力」を，必ずしも最初から前提にしない考え方も成り立つ．言語能力を，人間に備わっている一般的な認知能力を駆使した結果，人間に関して特に発達した能力であると捉えることも，選択肢としては可能となる．

　以下では，認知科学の成果とその展望を共有すべく，言語学的立場から理論を構築しつつある認知言語学と，その有望な一理論である「用法基盤モデル」を紹介し，その可能性を探っていく．

第3章　用法基盤モデルの諸側面

　用法基盤モデル (Usage-Based Model) は，先に見た認知科学の諸説と軌を一にし，文法能力の形成に関して「学習」の果たす役割を積極的に評価し，重要視している．この立場は，生成文法が学習の果たす役割を，個別言語のパラメータ設定時 (と例外事象の習得) のみに限定し，自らの理論の射程範囲から除外したのとは，対照的である．用法基盤モデルは，私たちが言語知識をどのような形で保持しているかを，なるべく忠実に包括的に表そうとしている．結果として，研究対象とするのは，中心的事例も周辺的事例も含めた，私たちが発する可能性のあるもの，発したものすべてということになる．

　用法基盤モデルでは，言語構造が現実の具体的な発話事態 (usage event) をもとに，そこから徐々に抽出，構成されていくとする，「ボトムアップ」式の言語観をとっている．. 具体的言語事例のカテゴリー化と一般化のプロセスを通じて，言語が獲得されていく．その結果私たちが作り上げた言語知識は，もとをたどれば他者の，ひいては私たちを取りまく共同体で共有されている言語文法システムの産物である．つまり，ある話者の発話は，その話者の構築した言語文法システムの反映とみなされると同時に，その人の言語文法システムは，他者の発話を数多く繰り返し経験することを通じて形成されてきたもの，ということになる．言語システムとしての文法は，個人の中だけで閉じられたものではなく，発話時の場面，文脈，そしてその社会背景を取り込んだ，他者との相互作用の産物として捉えられることになる (Kemmer and Barlow 2000)．

　子どもが言語獲得初期に発話するものの多くが，周囲の人間の語りかけ

をなんらかの形で忠実に再現したものであることが，研究を通じて検証されつつある（⇒ 第7章 7.2–3節，7.5節）．この学習段階を一定期間経た後に，より抽象的な表現が可能になる．子どもは，周囲の大人の語りかけをもとに，自分にとって有意な表現を選び，場面に即して表現を学び，やがては文法という抽象レベルの学習に移行していく．ここでは，子どもは刺激のシャワーを受動的に浴びるだけの「孤独な学習者」ではなく，周囲との相互作用に基づき，自分に関係する表現を場面に即して学ぶことで文法構築を行っていく，主体的な存在と目されている．

では，このような認知言語学の考え方のもとでは，私たちの文法知識はどのように表示され，記述されるのだろうか．以下で詳しく見ていく．

3.1 言語に関わる心理的現象

認知言語学では，言語現象の説明に用いられる概念を，言語に限定されない，一般的な認知能力に還元できるものと考えている．この想定は，言語能力を他の認知能力と連続性をもつものとして捉える立場から，必然的に出てくるものである．特に用法基盤モデルが重要視する認知能力として，Langacker (2000) があげる「比較」，「抽象化」，「定着」，「合成」，そして「連合」という5つの能力についてふれておきたい．

私たちのもつ一般的認知能力としてまずあげられるのは**「比較」**（comparison）である．私たちは日常生活の中でさまざまな経験をするが，そこで遭遇するいくつもの具体事例を相互に照らし合わせることで，その類似性および相違点を認識し，取り出すことができる．2つがあまりに異なると判断した場合，その2つはそれぞれ別のグループに属するものだと判断するが，その相違点を捨象すれば類似性が大きく認められる場合には，同一グループに属するものと判断する．この能力は，「カテゴリー化」の際に主に働く．カテゴリー化という認知操作は，言語においてもその他の分野においても同様に駆使される，基本的かつ重要な，おそらく人間に生得的に備わった能力であると考えられる．

2つ目の能力は**「抽象化」**（abstraction）である．私たちはさまざまな経験の中から，それらに共通する特徴に着目してその構造を取り出すことが

できる．この抽象化された構造は「スキーマ」（⇒ 第1章1.4.1節，1.4.2節）として，知識の中に組み込まれていくことになる．このスキーマはさらに，次に出会う事例を吟味検討する際の規範として機能することになる．もともとスキーマという用語は，心理学や人工知能の分野でも用いられており，言語学だけに特化せずに応用され，適用されている．

　認知言語学ではさまざまな言語知識を，このスキーマという形で取り出している．たとえば「上下」「内外」などのイメージ・スキーマは，身体経験をもとにして得られる基本的なイメージを抽象化して，構造として取り出されたもので，さまざまなメタファー表現の使用を動機づける規範として働いている（Lakoff (1987; 1990), Lakoff and Johnson (1999) を参照．また概説として河上 (1996)，谷口 (2003) などを参照）．事態スキーマは，事態をどのように捉えるかの認知的鋳型（template）として機能し，新規の構文表現などを動機づけることになる．

　3つ目の能力は「**定着**」（entrenchment）である．私たちが日常生活の中で何度も繰り返し遭遇する事態や経験は，習慣となって固定化し，しだいにその過程が一連のまとまりを形成するようになる．たとえば，通学，通勤に使う道順は，最初は迷ったりわかりにくかったりするものの，毎日毎日通っていると，意識しなくても自然と足が向くものである．今日は学校や会社に行かなくてもよい日なのに，あるいはいつもとは違うところへ行くつもりだったのに，なぜかいつもの道で曲がってしまったり，あるいはいつものプラットフォームに上がってしまったりということが起こりがちである．これは何度も繰り返し通ることで，通う道々行う行為すべてが一連の動作となって身についた結果，もはや意識しなくてもその行動が自動的に行われることを示している．

　この定着という心理現象は，言語の領域でもよく見られる．かなり複雑な構造をもった，長い表現であったとしても，それを何度も繰り返し聞かされたり口に出したりしていると，しまいには習慣づけられ，全体でひとかたまりを形成するようになる．この定着の度合いは，その表現にどれくらい頻繁に遭遇したのかという「**頻度**」（frequency）によって異なる（詳しくは第4章4.2–4節で述べる）．そして，表現がいったんひとかたまりで

定着すると，その全体が1つの認知的な「ユニット」(unit)としての地位を話者の中で確立するようになる(⇒第4章4.3.2節)．このユニットは，接辞レベル，語彙レベルのものから，句，文のレベルまで，さまざまな段階で生じうるものである．

　ユニットが確立すれば，全体そのものが1つの単位として機能するため，その内部構成要素1つ1つに注意を向けることもなくなる．このような状況を「分析可能性」(analyzability)が低いと言う．たとえば，「薬指」という語について考えてみよう．この語は，手の第4番目の指を指すことばだが，語源をたどると，もともとは「薬を調合する際に用いた指」であったようだ．実際にその行為を行っていた時代には，「薬指」という語がある特定の指を指し示すと同時に，その語の成り立ちを「薬」と「指」に分けて考えることも，比較的自然であったと考えられる．しかし現在では，この指と薬との関係はほとんど薄れている．この状況は次のように表せる(ユニットとしての地位を確立した単位は[ ]で表す)．

(1)　　　　昔　　　　　今
　　　[[薬][指]]　＞　[薬指]

昔は，ユニットとしての「薬指」が分析可能性をもっていたが，現在ではほとんど失われている．このことは，「定着」の能力で説明される．もともと個別の独立した意味を組み合わせた表現だったものが，繰り返し用いられることで，全体で1つのモノを指し示す機能だけになり，その個々の意味を失ってしまったことを表している．このように，頻度は定着度を高め，結果として構造の分析性を変えてしまう力をもっているのである(頻度がもたらす効果について，詳しくは第4章4.1–3節で見る)．

　以上の3つは，どちらかというと既存の言語データにふれて言語知識を形成していく段階で，主に関わる能力である．以下に述べる2つは，この言語知識をもとに新しい言語表現を創造していく際に関わる能力である．まず，先に見た「薬指」表現を構成する基礎を形成するのが，4つ目の能力となる**合成**(composition)である．私たちは比較的単純な構造を組み合わせることで，より複雑な構造を作り上げることができる．たとえば

言語では，語を組み合わせることで，複合語や句や文などの大きな単位を生み出すことが可能である．子どもが既知の表現をもとに新しい表現を組み立てて発話する際にも，この能力が深く関わっていると思われる（このことについては第7章7.7節で詳しく述べる）．

　最後の5つ目に見るのは，「**連合**」（association）という，ある経験が他の経験を呼び起こす現象である．この能力は，「記号」体系を可能にする．ここでの記号とは，ある特定の形式・音声がある特定の意味を呼び起こす，つまり「意味」と「形式」のペアによる両極構造をもったものである．たとえば横断歩道の信号では，人の止まった形がその赤色とともに「止まれ」の意味と結びついているし，青信号のマークと盲人用のメロディは，「渡ってよい」という意味と結びついている．

　言語表現も，一般に，この形式・音声と意味の結びついた記号と捉えられる．たとえば stop という音声・形式は，「止まれ」という意味と結びついている．また，記号がとる音声形式にも，大小さまざまなものが認められる．接辞レベルのもの（undo, unlock における un- や，portable, suitable などにおける -able など），語レベルのもの，さらには句（kick the bucket, at arm's length など），文，そして複文レベルと，その形式の大きさは問わない．どんな大きさの単位であっても，それらは必ず，意味と形式との結びつきから成り立っている「記号」である．認知言語学では文法知識を，このような記号の体系の総体として位置づけている．そして，記号のもつ意味と形式の結びつきを可能にしているのは，まさに私たちの「連合」の能力なのである．

　以上の5つの心理現象は，私たちの言語能力にもその他の能力にも，同じように通じるものであることを見た．私たちは，「比較」能力を駆使して，経験する類似の表現のカテゴリー化活動を行う．また，「抽象化」能力に基づき，表現に共通するスキーマを取り出す．さらに，「定着」化という能力に基づいて，用法の確立した言語表現やスキーマを自分のものとして学習する．このようにして形成される文法知識を経て，次に言語表現を自ら創造していくことになる．「連合」の能力に基づき，言語という意味と形式のペアである記号を，新しく理解したり創造したりする．そし

て，「合成」の能力によって既存の記号どうしを結びつけ，新たなる複雑な表現を構成することになる．

3.2 記号体系のネットワークとしての文法

　認知言語学では，言語（知識）を，「コミュニケーションの手段として機能する記号」の集合体と考えている．記号とは，概念（意味）を音声や言語形式と対応づけたものであり，ここでの言語形式には，語だけでなく句，構文，複文単位のものも含まれる．意味と形式との結びつきがなんらかの側面で見出せるかぎり，どんな組み合わせであっても，それを「記号」とみなすのである．

　また認知言語学では，記号を，思考形成やコミュニケーションの手段として人間が作り出したものであり，それが人間の社会の中で果たす機能に照らし合わせて理解されるもの，と考えている．たとえば，信号や電話という人工物について理解しようとすれば，その電気配線や光，信号送信のメカニズムを調査するよりも，それが何のために作られ，社会生活の中でどんな役割を果たすのかを理解する必要がある．同じように，言語表現を理解するためには，人間社会におけるその意味機能を理解することが最も必要だと考える，機能主義の立場をとっている．

　本章で扱う用法基盤モデルでは，私たちがもっている言語についての文法知識を，記号間に成立する複合的なネットワークとみなす．ネットワークは，アクセスポイントとしてのノード（節点）と，そのノード間を結びつけるリンク（link）から成り立つ．ここでは，それぞれのノードが記号単位に対応する．つまり，形態素，音素，語，句，構文と，あらゆるレベルの言語構造がこのノードに対応すると想定される．そして，ノードそれ自体が内部構造をもっていてもよい．1つの形式に対し，複数の，ただし互いに関連性をもつ意味が対応するような，ノード内的ネットワークも構成されうることになる．

　このノードは，その結びつきやすさ，想起のしやすさに基づいて，互いにリンクを通じて関連し合っている．このリンクにも，強弱が存在する．リンクの強さは，ノードどうしの類似性に応じて決定される．類似性と

は，形式と意味の両側面の比較を通じてはかられるもので，一般に意味が似通っているほうが，形式のみの類似よりも強いリンクを形成する(Bybee 2001b)．形式と意味の両方に類似性が認められる場合が，最も結びつきが強いことになり，さらに，意味の類似性が強くなれば，形式面での類似性も要求される傾向にある．

このように，用法基盤モデルでは，記号体系の一環としての文法知識が，ネットワークとして捉えられる．そしてこの知識を，あらかじめ私たちの内在的な能力として備わっているものというよりも，私たちの言語経験の中から直接立ち現れてくるものと考える．初めからネットワークが存在するのではなく，人間が具体的な場面でのコミュニケーションに主体的に関わっていった結果，ネットワークがダイナミックに新しく作り上げられていくのである(⇒ 第4章4.1節)．

ネットワークを「新たに作り上げられたもの」と考えるならば，当然そのネットワークがどのようなプロセスをたどって作られていくかについても，言及する必要がある．用法基盤モデルでは，ネットワーク構成に関わってくる能力を，言語以外の場面においても発揮することのできる，非常に一般性の高い能力と考えている．言語領域にのみ関わっている能力を特別に仮定しなくても，言語を超えた一般性の高い認知能力と学習経験との相互作用を想定することで，言語の文法知識形成をも説明しようとしているのである．

3.3 ネットワークにおけるプロトタイプ

3.1節では，言語に関わりをもつ一般的な認知能力を5つ見た．このうち，対象物の間に類似性を見出す「比較」の能力は，プロトタイプ(⇒ 第1章1.3.1節)に関わる能力であると言える．すでに見たように，プロトタイプとはそのカテゴリーの典型・代表とされるものであり，新しいメンバー候補となる事物に出会ったときに，そのカテゴリー判断の基準となる．

用法基盤モデルのネットワークの中で，プロトタイプという理論的概念を捉えることの利点については，第1章1.4.2節でも一部概観した．そ

れは主として，プロトタイプやカテゴリーそのものを静的・固定的なものとみなすのではなく，さまざまな要因によって変化するものと考えるダイナミックなカテゴリー観が，適切に捉えられることであった．文脈によってプロトタイプとされるものが異なる，文脈依存性という性質も，ネットワーク上でのプロトタイプ，ノードの位置づけが変化するという形で，自然に捉えられる．

　また，プロトタイプがどこから，どのようにして生まれてくるのかについても，ネットワークの観点から説明できる．一般的傾向として，最初に頻繁に出会った事物が，カテゴリー化の際に次の事物を比較対照する基準となりやすい．たとえば，いちばん初めにクマのぬいぐるみに接した子どもにとって，「クマ」といえばまず，このかわいらしくデフォルメされた愛嬌のある動物が，プロトタイプとして想定されるかもしれない．しかし経験を重ねるにつれ，「クマ」が獰猛で気性の荒い動物であるという知識によって，「クマ」のプロトタイプが変化し，当初プロトタイプだったはずの愛嬌のあるイメージは，カテゴリーの周辺に位置づけ直されることが予想される．最初にプロトタイプと仮定されていたノードであっても，その地位を別のノードに明け渡すことも十分にありうる．いくつかの具体的な経験事例を抽象化したスキーマが，次のプロトタイプになることも考えられるのである（第1章1.4.2節も参照）．

　このように，プロトタイプの位置づけは可変的なものである．拡張された結果でしかなかった例が，さらなる拡張例をカテゴリーの成員として認定する際の基準点，つまりプロトタイプとして採用されることもある．また，上位のスキーマが抽出されても，その下位にあたるプロトタイプの地位が必ずしも弱まるわけではなく，依然として中心の存在を保ち続けることもある．プロトタイプとして定着したものが，複数，同時にネットワーク上に存在していてもかまわない．また，かつてプロトタイプでなかったものが時代の変化によりプロトタイプとして位置づけられるようになることもあるし，その逆のパターンも考えられる．プロトタイプを変化しうるものと捉えているために，カテゴリーの変化という動的側面にも十分に対応することが可能なシステムとなっているのである．

3.4 ネットワークにおけるスキーマ

　文法知識が具体例に基づいたネットワークを構成すると考えた場合，言語に見られる一般性・規則性は，どのように捉えられるのだろうか．たとえば英語では，動詞の過去形を作り出す際に一般に -ed という語尾をつけることが知られているし，英語の一般的な語順は SVO 語順である．もし，1つ1つの事例を類似性に基づいてリンクでつなげていくだけだとすれば，「木を見て森を見ず」となり，この一般性を捉えられなくなってしまうのではないかという危惧があるのは，当然だろう．

　この疑問に対する答えとしては，「スキーマ」の概念が有効である．スキーマとは，具体例とプロトタイプの双方と両立するような，細部の捨象と抽象化を行った結果得られる共通性のことである．スキーマはただ2者間の共通性を取り出すだけではなく，自然言語に繰り返し見られる規則性をも捉えるものであり，ネットワーク形成の中でも重要な位置を占める概念である（第1章1.4節も参照）．

　ここで注意しておきたいのは，スキーマと規則との相違点である．従来，言語に見られる一般性は，規則（を生み出す原理原則）の体系によって捉えられてきた．ここで見るスキーマも，規則が捉えてきた事実を同じように説明するものである．しかし，スキーマと規則とは異なる性質のものでもある．以下ではスキーマの特徴について，規則のもつそれと比較しながら述べたい．

　まず規則とは，あらかじめ言語表現に先立つ所与のものとして存在し，対象となる言語表現を生みだす働きをもつものである．規則は，ある形式（たとえば play や kick など）をその入力形とし，結果として統一的な出力形（たとえば played, kicked）を産出するような，変化をもたらす関係を表す．規則を適用する場合，たいていはその入力形として与えられる候補がすべて，なんらかの点で共通点をもつ同じグループに属することを確認する必要がある．つまり，その規則を適用してよいかどうかの判断は，もととなる「入力形」のもつ性質に基づいてなされるのである．共通の性質をもった「入力形」であれば，それらに同様の関係づけを行う（言い換え

ると，同様の規則を適用する)ことで，共通の出力形が得られる．この点で，規則は「**起点志向的**」(source-oriented) な性質をもつと言える．

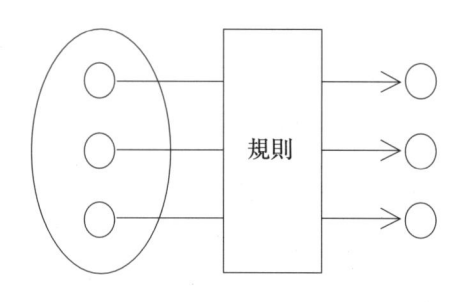

図 3–1

　一方，用法基盤モデルでのスキーマは，次ページの図 3–2 に示すように，結果的には規則のように働くとしても，規則のような所与のものではなく，あくまでも経験の中からカテゴリー化・抽象化のプロセスを経て，ボトムアップ式に直接得られるものである．また，規則が通常「出力」とする「派生先」の実例が見せる共通性を捉えたものでもあり，この点で「**結果志向的**」(product-oriented) な記述であるという特徴をもつ (Bybee 1995, 443; Croft and Cruse 2003, 301)．スキーマは「入力形」を参照することなく，結果としての「出力」がもつ共通性を取り出したものであり，もととなる形式や，もとの形から結果を生み出す関係そのものが，バラバラで共通性がなくてもかまわないことになる．また，起点志向的な規則とは異なり，スキーマで捉えられる項目は「家族的類似」(family resemblance) に基づいて構成されている．厳密にすべてに共有された性質を有する必要はない．部分的にスキーマが抽出されたり，スキーマが重なり合ったりする可能性も十分にある．

　また，スキーマは容認性判断の基準となるものの，判断の際に絶対的な決定力を発揮するものではない．認知文法では，慣習化された文法構造 (grammatical convention) を，繰り返し用いられる表現を通して話者が獲得する「構文パターン」または「スキーマ」とみなす．文法性の判断は，

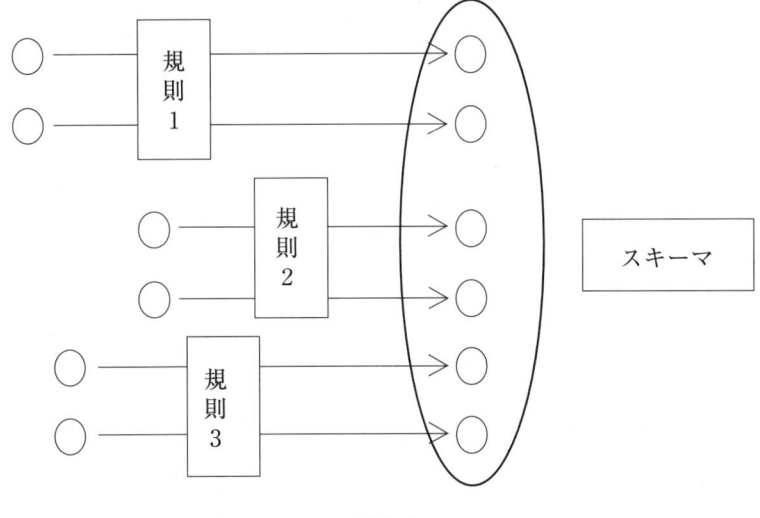

図 3–2

　ある構文表現が，定着したスキーマの具体化と一致するとみなされるか否かに基づいてなされ，大きくずれると非文法的と判断される．したがって，文法性は程度問題であり，個人によって定着しているスキーマが多少異なるため，結果として文法性の判断が異なる場合も生じる．表現によっては，ほとんどすべての話者に容認されるものと，容認性の判断が話者によって分かれるものがあることになる．

　また，スキーマは定着度によって，その位置づけや重要度がさまざまである．広範囲に適用可能なスキーマもあれば，局所的で例外の多いスキーマもある．また，時代の流れに伴い変化することもある（詳しい事例については第 4 章 4.5 節で扱う）．このように，規則よりも柔軟性に富み，かつ可変的であるのがスキーマの特徴である．

　注意しておきたいのは，このモデルでは文法を，スキーマだけではなく，具体的事例も含めたネットワークの総体と捉えていることである．スキーマの単位の大きさも，形態素単位のもの，語，句レベルのもの，文レベルのものと，多岐にわたる．また，スキーマの特定化（specificity）の

度合いもさまざまで，抽象度・一般性が高く，汎用性の広いものだけでなく，もう少し具体的で適用範囲の狭いものも含まれる．抽象度・一般性の高いものの中には，規則とほぼ同様の振る舞いをするものもあるが，一般に認知文法の用法基盤モデルでは，上位レベルの抽象的一般化よりも，実際に繰り返し生じる表現に基づく，具体的かつ局所的な下位レベル・スキーマのほうを重視している．

　以上，用法基盤モデルの基本となる言語観について説明してきた．プロトタイプとスキーマという両方のノードを併せもち，具体例から抽象レベルまでを包括したネットワークの総体こそが私たちの言語知識であると，用法基盤モデルでは想定しているのである．では，この言語知識体系はどのように形成され，どのように新しい表現を生み出しているのだろうか．次章ではこの点について見ていくことにする．

第4章　用法基盤モデルにおける文法知識の形成

　用法基盤モデルでは文法知識を，抽象的な構造をもった規則体系（を生み出す原理原則）というよりも，以前に経験した具体的発話をもとにカテゴリー化された，総体であると考えている．また，このように形成された言語知識は，さらに新しい発話を作り出したり理解したりするための基盤となっていく（Bybee 1998; Kemmer and Barlow 2000）．この考え方からの帰結として，意味と形式との対応をなす記号体系を，人間（の使用）が関わることによって変化する，永続的に可変的な構造とみなすことになる．

　この章では，言語が使用されていくうちに自然な変化をとげ，新しい表現が可能となっていく例を観察する．この考え方は「**創発**」（emergence）という語で呼ばれる．また，使用される際の頻度によって，言語のあり方が変わっていく可能性を秘めていることを説明する．

4.1　「創発」の考え方

　言語や文法は歴史とともに変化していく．昔確立していた文法規則や用法も，時とともに廃れたり，ゆがめられたり，修正されたりしていくものである．このように時代の流れとともに変化する言語の姿を見ていると，実は文法知識とは，規則という固定化された性質をもつものだけで構成されるのではなく，もっとダイナミックな性質をもっているのではないかと考えられる．

　問題は，文法知識のもつ可変性が，文法そのものに内在する性質によっ

て引き起こされているのか，それとも外的な要因によるものなのか，である．文法は，その内的な性質や意味機能が誘因となって，変わるべくして変わっているのだろうか，それとも言語を操る人間や言語環境などが変化することで，今ある形から未来の形へと変容をとげていくものなのだろうか．

　この2つの見方の折衷型と言えるのが「創発」という考え方である．もともと生物学や物理学で用いられた概念で，局所的・部分的要素が多数集まることで，その部分のもつ性質や志向性を単純に足し合わせたものとは質的に異なる，複雑な秩序やシステム構造が全体において立ち現れる現象を言う．この考え方は，「全体は部分の総和以上のものである」とするゲシュタルト的発想ともつながる側面がある(河上 (1996) などを参照)．

　創発という発想は，「生得説」対「経験説」という単純な対立の構図を超えようとするものだとも言える．目の前にある構造がなぜ生じたのかを説明するのに，単純な学習のみによって獲得されたと考えるのではなく，また一足飛びにそれを生み出す生得的な装置の存在を仮定するのでもなく，もう少し直接的に顕現する，馴染みのあるプロセスから生じた副産物として捉え直そうとしているのである．

　私たちの卑近な行動パターンから例を探してみよう．私たちの身のまわりには，さまざまな美しい構造が作られる場面が多々ある．たとえば，ストリート・ミュージシャンや大道芸人がいると，決まってそのまわりには人が円状になって集まっている．スーパーでは精算しようとする人々が，複数あるレジの前ではほぼ同じ人数からなる列をなしている．このような何気ない現象ではあるが，結果として表れるのは美しい1つの構造である．

　では，なぜ大道芸人のまわりに円が作られるのか．なぜ同じ人数からなる列が構成されるのか．円を作ろうとか同じ人数の列を作ろうとする意図が，人間の側にあるわけではない．あるのは別の意図である．大道芸人をある一定の近さで見物しようという，個々人の意図が繰り返し積み重なることで，結果的に見物人の輪ができるのである．レジで早く精算してもらおうとして，その時点で最も人数の少ないレジに向かう，という行動が積み重ねられることで，結果的にどのレジの列もほぼ同人数となるわけであ

る．

　似たような現象は，人間の行動だけではなく，自然界でも見つけられる．石けんの泡が球体をしているのは，石けんや水や，シャボン玉を作る人間の側の問題ではなく，球体がもともと内在している性質だからでもなく，表面積が最小でありながら最大の体積が得られるからである．また，ハチの巣が6角形をしているのは，蜜の玉をできるだけたくさん効率的に巣に蓄えようとした結果，それぞれの蜜の玉がひしめき合い変形したための副産物である．6角形という形は，蜂蜜そのものの性質や，蜜を蓄えるという動作をしている蜂のめざすものとはなんの関係もない．ここでの目的は，「同じ大きさの蜜の玉をできるだけたくさん蓄えよう」という，6角形とはまったく別のところにあったのである（Bates and Goodman 1999, 32）．

　このように，結果としての変化や構造をもたらす原因が，その対象に内在する性質に求められるわけではないという現象が，日常的に多々見られる．当初から最終状態を意図したわけではない行動の結果として生み出された構造のことを，「**創発構造**」（emergent structure）と呼んでいる．創発において観察される変化は，必ずしも目的に添ったものではない．個々の入力形からは単純に予測されない理由，あるいは明確ではない理由で結果が生じていると考えられる．私たちは変化を合目的なものとして捉えがちだが，それは多くの場合，後知恵的に想定されたものであり，個々の要素にその変化の原因を求めることが必ずしも適切でないことも多いのである．

　この考え方は，言語の変化に対してもあてはめることができる．言語の意味や用法が，昔のものと今のものとで異なっていることは多々ある．その変化の原因を言語内に求めるという考え方もあるが，創発的な考え方に基づけば，言語外の要因にも目を向けていくことになる．たとえばHaiman（1994）は，言語を人間の行動と重ね合わせ，文法を「儀式化された行為」（ritualized behavior）であると主張した．彼は，儀式（ritual）と文法との間に存在するさまざまな共通性をあげて，それらがすべて繰り返し用いられた結果，生まれたものであると議論している．たしかに言語

は時代に応じて変化し，はやりすたりをもつ．昔用いられた表現が今では用いられなくなることがあるし，またその逆も多々ある．このような変化をもたらす素因を，Haiman は言語に内在する特質に常に帰するのではなく，外的な環境にも求められると考えている．すなわち，使用されることによって共同体に広く共有され，また形式そのものも，それに結びつけられる意味づけも変化していくことになる．

　言語研究では，この変化のメカニズムを客観的に測る要因を探ることが求められている．以下では，言語外的要素との相互作用を裏づける1つの要因である「頻度」について解説し，この頻度要因が言語体系に及ぼす影響について考えてみたい．

4.2 頻度効果

　用法基盤モデルでは，私たち人間が生後積み重ねていく経験が，言語体系を形作るのに無視できない重要かつ積極的な役割を果たすと考えている．どんな具体的用法にどの程度さらされたのか，またどのような言語表現を繰り返し聞いたのかといった，実際の場面に基づく言語経験が，私たちの記憶，ひいては文法知識の形成に大きく影響を与えるとみなしているのである．

　言語経験が文法知識を形作ると考える用法基盤モデルでは，「頻度」(frequency) という概念が重要になってくる．頻度とは，ある用法が実際の発話やテキストで，どの程度繰り返し用いられるかというものである．ある表現の頻度が高ければ高いほど，その定着度も高くなり，複数の語からなる句表現であっても，1つのまとまりをなす処理ユニットとして記憶の中に蓄えられることになる (Kemmer and Barlow 2000)．

　用法基盤モデルでは，頻度に対して積極的な意義づけを与えている．この点は，従来の頻度の捉え方とは異なるので，注意しておくべきである．一般に，頻度とは当該表現のある文脈条件下での生起数を数え上げた，単なる結果にすぎないと捉えられがちである．それは統計的な結果にすぎず，なんら理論的説明力にはならないと考える向きも多い．しかし用法基盤モデルでは，頻度を結果的に見られる単なる兆候とはみなさず，むしろ

頭の中での認知処理の方法に変化を与える原因，ひいては文法体系を作り上げていく主たる推進力になりうると考えている (Haiman 1994; Bybee 1985, 1995, 1998; Bybee and Thompson 1997)．

この頻度という概念は，大きく分けて2種類あげられる．それは「**トークン頻度**」と「**タイプ頻度**」である．まずトークン頻度とは，別名「テキスト頻度」(具体的出現頻度・個別的頻度)とも呼ばれる．これは，問題となる表現が何度生起したか，その具体的生起事例を1つ1つ数えることで得られる頻度である．何度も同じ表現が回を重ねて出てきた場合，その表現のトークン頻度は高くなる．

一方，タイプ頻度とは別名「辞書頻度」とも呼ばれ，トークン頻度のように個々の具体的表現の生起例を数えるのではなく，どれだけ異なった種類の表現が出てきたかを数える．よって，同一表現が何度も繰り返し出てきたとしても，種類としては1種類である場合，タイプ頻度は1となる．

次のページの図4–1を見てみよう．ここで出てくる語はいずれも複数形の名詞である．この中で実際に出てきた頻度がいちばん多いのは dogs である．つまり，トークン頻度は dogs が 8，cats と children が 5，birds が 3，oxen が 1 となる．一方タイプ頻度は，トークン頻度の高低にかかわらず，出現した種類を数えることになるので，この図ではタイプ頻度は 5 (dogs, cats, children, birds, oxen の 5 種類)ということになる．

トークン頻度，タイプ頻度ともに，そのネットワーク構成は同じであることに注意したい．いずれも，結びついている下位事例が数多く存在すればするほど，その上位のスキーマの**定着度** (degree of entrenchment) が高くなる．図では，dogs のトークン頻度が高いため，その上位であるタイプとしての dogs の定着度がずばぬけて高い．また，タイプ頻度を比較しても，-s の下位に位置する複数のタイプは dogs, cats, birds, ... の他にも多々あるのに対し，-en の下位に位置するものは children と oxen の2種類しかない．この差から，定着度は -s スキーマのほうが高いことがうかがえる．

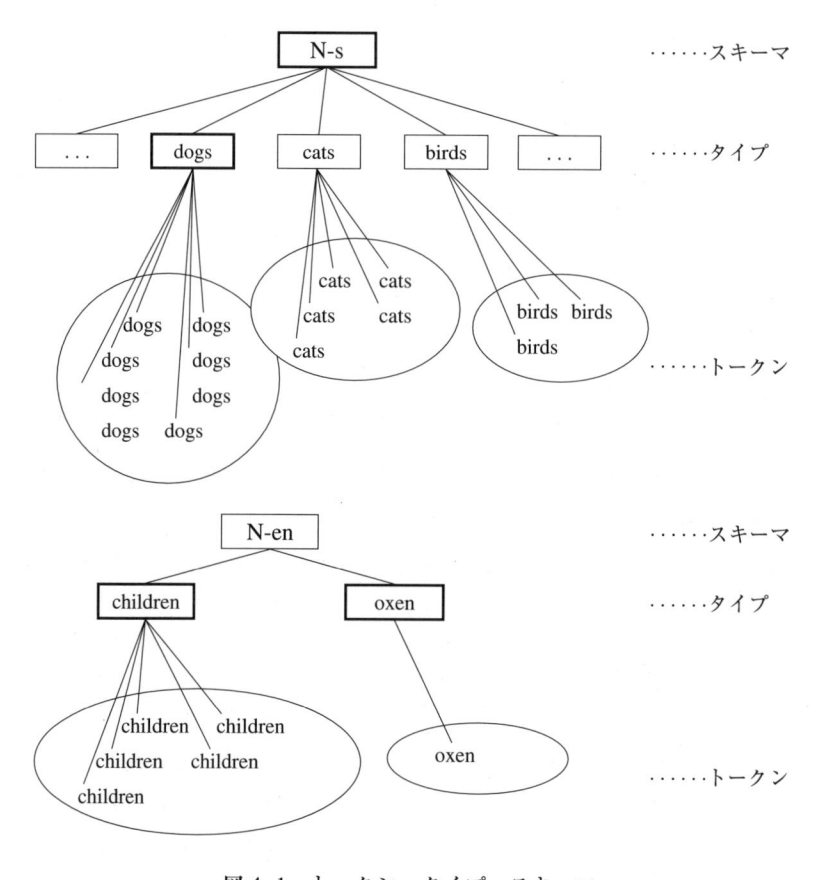

図4-1 トークン，タイプ，スキーマ

　頻度が上がることで定着度が高くなると，こんどはその定着度が認知情報の処理の仕方に変化をもたらすこととなる．定着度の高い情報単位のほうが活性化されやすく，したがってアクセスされやすいため，利用される可能性も高くなる．逆に定着度が低ければ，活性化もアクセスもされにくく，しだいに忘れ去られていくこととなる．また，頻度とは一定のものではなく，時代が下るにしたがって，あるいは言語集団が変化するにしたがって，頻度も変化しうるものである．つまり，頻度そのものが変化する

ことで，言語知識，言語体系そのものにも変化が起こる可能性が出てくるのである．

上で見たこれら2種類の頻度は，用法基盤モデルにおいてそれぞれ異なる役割を果たしている．トークン頻度は，そのタイプ表現が固定表現として確立している度合い（定着度）と関係し，またタイプ頻度は，その上位にあたるスキーマ的表現の適用範囲がどの程度広いか（生産性）と関係する．この違いとそれが生み出す言語表現への効果・影響について，以下詳しく見ていこう．

4.3 トークン頻度とその効果

どんなに難しい単語，意味のよくわからないことばでも，それを繰り返し何度も何度も口に出し，あるいは書いていると，自然と口をついて出てくる，もしくは知らず知らずのうちに書けてしまうことがある．何度も繰り返し接するということは，その表現のトークン頻度が高いことを示しており，このトークン頻度が高くなればなるほど，その表現そのものの定着度も高くなり，処理上1つのまとまりをなすユニットとしての地位が確立されることになる．心理学的にも，高頻度であればあるほど活性化の程度も高いので，記憶に残りやすいし，アクセスしやすくなることが確かめられている．このように，トークン頻度はその表現の定着度と深い関わりをもつのである．

では，トークン頻度は言語体系に，どのような影響を与えるのだろうか．その影響は大きく2つに分けることができる．

(1) トークン頻度の与える影響：
　(i) トークン頻度が高いと，その表現は認知処理上1つのユニットとして自動化されるため，その内部に特異な形や性質が含まれていても，それを保守的な形で維持する傾向にある．
　(ii) トークン頻度が高くなると，その表現は認知処理上1つのユニットとして自動化されるため，表現全体での音声変化や意味変化が生じやすくなる．

それぞれの影響について，以下詳しく見ていく．

4.3.1　トークン頻度の保守化効果

　トークン頻度が高いと，その表現は認知処理上，1つのまとまり（ユニット）として自動的に処理されるため，表現内部における形や意味などの特異性を保守的に，昔ながらの形を変えることなく，維持する傾向にある．したがって，規則からかけ離れた例や昔からの古風な表現でも，トークン頻度が高ければそのままの形で定着し，生き残っていく可能性が高くなるのである．

　たとえば，次の日本語の例を見てみよう．

　（2）　帳尻あわせ　　埒（らち）があかない　　固唾（かたず）を飲む　　地団駄を踏む

「埒」とは，馬場のまわりの柵を指すことばだが，現代でその意味を知っている日本語母語話者は，おそらく少ない．「固唾」も漢字が表しているとおり，「緊張して息をこらすときにたまる唾の固まり」の意味だが，現代ではもはや，この表現以外には使われない．同じことが「地団駄」にもあてはまる．このように，その語源を遡ることは可能でも，実質上現代ではその意味が薄れているものが，ことわざや定型表現の中に生き残っている事例がある．これは，ことわざや定型表現全体で用いられる頻度が高いため，本来ならばもう使われなくなっている表現が生き残った形である．

　次に，今でも単独で用いられうる表現を含んではいるが，全体として1つのまとまりをなすユニットとして定着したために，その内部の「分析可能性」が低くなった事例を見てみよう．

　（3）　a.　下駄箱
　　　　 b.　筆箱　　筆が進む / 進まない　　筆を折る
　　　　 c.　両替
　　　　 d.　つり革

今や下駄箱に入れるものは「下駄」以外の履物だ，と言っても過言ではない．たいてい，ズック，ハイヒール，パンプス，ローファーなどであろう．

また現在では，筆を持ち歩く人も，実際に日常的に使う人も，(特定の職種の人をのぞいては)あまりいない．しかし，「下駄箱」「筆箱」ということばはトークン頻度も高く，それ全体で定着したため，もはや「下駄＋箱(下駄を入れる箱)」「筆＋箱(筆を入れる箱)」という分析可能性は低くなり，1つの処理ユニットとして自律的な地位をもつ．その結果，「下駄」といういくぶん古めかしい表現は，そのまま「下駄箱」という表現の中で生きのびている．同様に，「両」というお金の単位は過去のものであり，現在では廃れているが，「両替」という1つのまとまった単位として確立した表現の中に用いられていたために，現在でも生き残っているのである．

同様の例は，英語にも当然見られる(Bybee 1998, 424–425)．

(4) a. for one's *sake* (誰かのために)
　　 b. wait with *bated* breath (息を殺して待つ)
　　 c. *hale* and hearty ((老人が)かくしゃくとした)
　　 d. birds of a feather [a = one. もともと冠詞の a は one からきた]
　　 e. hand*some*, stead*fast*, piece*meal* [過去に生産的だった接辞]
　　 f. cast a *pall* over ～ (～に暗い影を落とす)
　　 g. *used* to, *used* to ～ing における used の意味 [古いことばで，「常に～した，するのが常であった」「慣らす」の意味．今では過去形でしか用いられない]
　　 h. for a *while*, all the *while*
　　 i. by *dint* of (～の力で) [dint は「一撃，打撃」の意味]

(4a) の sake は元来「訴訟」の意味をもっていたが，現在ではもはやその意味は見出せないし，この語自体も特定のイディオム (for the sake of もしくは for one's sake) 以外に，単独で用いられることはない．また hale や bated なども同様に，上記のイディオムでのみもっぱら用いられる表現と言ってもよい．このイディオムのように，処理上1つのユニットとして固定化された単位を「**チャンク**」(chunk)と呼ぶ．チャンクになると，その形式全体に1つの意味が対応するようになり，もはやその細部を再分析しなくなる．イディオム全体でチャンクとして定着し，記憶に貯蔵される

ことになると，他の状況ではもはや用いられない，あるいは現状にはあわなくなった古い表現も，チャンク内にそのままに保持される (Bybee 1998, 424–425)．その結果，現在では for the sake of 全体で「～のために」という意味を表す一方，sake に対応する意味がどんなものかについての認識は，ほとんど皆無である．また (4c) の hale が古英語期にもっていた「健全な」という意味を，現在の母語話者がどれだけ知っているか，疑わしい．また，(4f) において，pall は「棺，帳(とばり)」の意味だが，この表現以外ではまず使われない表現である．(4h) のように，接続詞用法が圧倒的な while が名詞として用いられる用法は，この定型表現くらいである．(4i) の dint のもつ「一撃，打撃」の意味用法は古くて，現在ではこの表現以外に用いることはまずない．

　ここまでは古い語彙，および古い語彙の意味が残っている例を見てきたが，次の例は，古い文法が語彙レベルに残されていることを示している．

　（5）　a.　forget-me-not（わすれな草（別名 scorpion grass））
　　　　b.　touch-me-not（ホウセンカ，オジギソウ）

これらはいずれも，花の名前を表す複合名詞である．注意すべきは，これらの表現内に昔の文法が保持されていることである．昔は否定辞 not を，動詞の後に直接，裸のまま用いた．したがって，現在ならば Don't forget me. と助動詞 do を用いるところを，Forget me not. と否定辞をそのまま用いていたのである．その古い文表現が，名詞になったことで全体として1つのユニットとして，そのまま用いられるようになり，その内部構造に関しては，文法がその後変化しても再分析を受けなかったと考えられる．類似の例として，結婚式の際の誓いのことばには，このような古めかしい表現が（かろうじて）残っているようである．

　（6）　With this ring I thee wed.　　　　　　（Bybee 1998, 424）

この現象も，トークン頻度のもつ保守的な側面を反映している．儀式の中で繰り返し発話されることによって，一種のイディオム・チャンクとなった結果，現在では他の場面ではもはや用いられないような古い表現も，生

きのびる結果となる．

　このように，頻度に基づいて全体としての表現が定着したために，結果として保守的な側面が維持される例が，身近にたくさん見つかる．頻度という概念は，言語を外界のノイズにさらされない真空状態に存在するものと考えていては，けっして出てこない概念であり，実際に使用する場面を考慮して初めて出てくる概念である．頻度という，一見素朴な結果でしかないと思われる概念を，創造的な力をもつものと捉え直すことで，なぜ今このような姿になっているのかという事実に対して，「事実がそうだからそうなっているのだ」という恣意性を強調して，そこで終わってこと足れりとするのではなく，さらに一歩踏み込んだ説明を与える可能性が出てくることになる．以下では，頻度が，長い目で見た言語の変化の歴史においても重要な役割を果たしてきたことを，いくつかの事例をもとに考えてみたい．

規則活用・不規則活用

　英語を学び始めた生徒が，しばしば共通して直面する悩みがある．それは，英語には不規則活用形が相当数あり，煩雑ながら1つ1つ覚えていかなければならないことである．特に中学校レベルで学ぶ動詞には，規則活用動詞とほぼ同じくらいか，もしくはそれ以上の不規則活用動詞が見受けられる．

表4–1　中学校3年生での不規則活用動詞表の例

> bring, build, buy, catch, dig, feel, fight, find, get, have, hear, hold, keep, leave, lose, make, mean, meet, read, say, sell, send, sit, sleep, stand, teach, tell, think, understand, win
>
> become, come, run
>
> be, begin, break, do, drive, eat, fall, give, go, grow, know, ride, see, show, speak, steal, swim, take, tear, throw, wear, write
>
> cost, cut, hit, put, set, spread

これまでの文法理論では，規則・不規則活用は文法上それぞれ別の位置づけがなされてきた．この立場では，規則変化を普遍的文法規則の存在によって捉えようとする．規則活用を起こす語は普遍文法の規則によってつかさどられており，規則がいったん作動し始めれば自動的に適切な形式が得られるため，個々に学習するといった煩雑なことをしなくてよいと考えられている．一方，不規則活用を起こす語は規則では生成されず，レキシコンに蓄えられているものなので，1つ1つ学習に基づいて学ばれるべきものである．このように，規則活用と不規則活用の語とは，文法における処理の観点からきっちり2分した扱いがなされていることになる（Pinker and Prince 1984）．

　これに対して用法基盤モデルでは，不規則活用と規則活用とを異なるメカニズムで扱うのではなく，どちらも同じメカニズム，つまり学習経験に基づくネットワーク構築で習得されると考えている．経験という後天的な要素を重視することにより，用法基盤モデルは，「言語のあり方を決定するのに，言語表現が内在的にもっている性質だけではなく，その言語表現が現実のコミュニケーションの中でどう用いられたかも関わってくる」と考えている．ここで問題にしている「頻度」概念も，この後者に属する要因の1つである．

　たとえば，「不規則活用形は常に頻度の高い語に見つけられる」という点を考えてみよう．英語を習い始めの生徒が苦労したのは，まさにこのためである．日常生活の中で頻繁に使うからこそ，いかに面倒で煩雑であっても，母語話者であれば問題なく不規則活用形を使うことができる．その不規則変化形が，頻度に基づいて語彙ネットワークの中でしっかりと定着しているため，間違うことがなくなると考えられる．

　頻度による高い定着度を示す不規則変化の最たるものとして，英語ではbe動詞（is / were など）があげられる．受動態，進行形などにも必ず用いられることを考えると，be動詞が日常会話の中でも，かなりの高頻度をマークしていることが容易に想像できる．頻度が高いと，当然その語の定着度も高くなる．したがって，be動詞は不規則変化の度合いが激しいと感じられるけれども，実際の生活の中ではそれほどの労力なくして，お

のおのの不規則活用形が正しく用いられ続けることになる．

　もちろん，ある言語表現の頻度が，いずれの時代を通じても均一で同じであるとはかぎらない．歴史が異なれば，頻度も異なりうる．さらにその頻度の異なりが，言語のあり方に影響する場合も考えられる．たとえば，同じ不規則変化であっても，辞書の記述として不規則変化と規則変化が両方併記されているものを見かけることがあるが，そのような語は，どちらかというと頻度の低い動詞である．

(7)　高頻度の単語　　低頻度の単語
　　　　kept　　　　　spelt / spelled
　　　　slept　　　　　crept / creeped
　　　　left　　　　　　burnt / burned
　　　　　　　　　　　learnt / learned
　　　　　　　　　　　dwelt / dwelled

つまり，高頻度の単語はそれ自体の定着度も高く，したがって不規則変化形もネットワーク上で強い表示を受けていることになるが，頻度がそれほど高くない動詞の場合，その定着度の低さからつい規則変化形が用いられることもあり，両方の形式が共存することになるのであろう．

　もしこの考え方が正しければ，低頻度の不規則変化動詞はどんどん規則変化動詞に変わっていく，という予測が立てられる．はたしてそうだろうか．研究結果として，この予測を肯定するものがあげられている．Bybee and Slobin (1982) は，動詞の不規則活用形がどのような実体を見せているかを，時代を少し遡った20世紀初頭と現代とで比較検討した．具体的には，近代英語の文法書としてバイブル的存在である Jespersen (1942) を調べ，その中で不規則変化として掲載されていた動詞を取り出し，それを現代の辞書である *American Heritage Dictionary*（以下 *AHD*）の掲載記述と比較し，さらにその推移を，日常生活で用いられる頻度の高低と照らし合わせてみたのである．その結果，頻度が高いものはその不規則活用形が保持されていたが，頻度の低いものに関しては，不規則活用形に加えて規則活用形も掲載されており，場合によっては規則活用へと形を変えて

いるものも観察されていることがわかった.

また，語尾の t / d を交替させることで現在形から不規則変化形の過去形を産出する動詞においても，その頻度と規則変化動詞化との間に相関関係が認められた．規則変化形に取って代わられているものは，まだ比較的高い頻度で使用されているが，不規則変化のまま使用頻度が低くなったものの中には，廃語になっているものも見受けられた (Bybee and Slobin 1982, 275)．

表 4–2　*American Heritage Dictionary* での記載別語彙項目

AHD の記載事項	現在では t 形のみ記載	ed / t 形両方記載	t または ed 形が記載	記載なし（廃語？）
記載対象の語彙項目	bend / bent lend / lent spend / spent send / sent build / built	blend（混ぜあわす） blended blent［詩］ geld（去勢する） gelded gelt gird（ベルトで絞める） girded girt	rend（ちぎる） rent rended	shend / shent（辱める / 避難する）

表 4–2 では，右に行くほど，語そのものが用いられる頻度が低くなることが示されている．たとえば blend, geld, gird などは，日常で用いられる頻度が lend, spend, send などに比べると低い．ということは，その不規則変化形としての過去形自体もあまり用いられることがないため，その定着度の低さは lent, spent の比ではなくなる．このため，広い適用性を誇る規則変化形に取って代わられやすくなってしまうのである．その右側のコラムに属する rend は，それ自体あまり用いられることがなく，したがって絶対的頻度も少ないため，規則変化形を拡大適用しても定着するまでに至らない．さらに最右端の shend に至っては，その語自体がもはやあまり用いられることがないため，規則変化形を適用されることもなく，

結果として AHD では記載そのものが消えてしまっている．

つまり，頻度が高ければ定着度も高く，不規則活用という特異性が保持されるが，逆に頻度が低いと定着度も下がり，特異性も失われ，その存在すらも危なくなってしまうのである．もし規則活用形が，普遍文法のような「規則」につかさどられているのであれば，頻度による影響は受けないはずである．しかし現実には，同じ規則活用形であっても頻度の高いものと低いものとで，振る舞いが変化している事実が存在する．たとえば rapt と rapped の語尾音（/t/）の持続時間を比較してみるとわかることだが，その音が語の一部であるほうが，屈折接辞である場合よりも有意に短くなる傾向がある．同様のことが，同じ規則変化動詞間でも見られ，頻度の高い規則変化動詞のほうが，低頻度のものより語尾接辞 -ed（/t/ または /d/）の音が有意に短いことが，実験で確かめられている（Losiewicz 1992）．つまり，規則変化動詞でも高頻度のものは語全体でチャンクとして定着しているが，低頻度のものは「語＋接辞」という分析的な形で処理されており，2 つのレキシコンでの位置づけが異なっているのである．このことを考えると，問題は規則につかさどられているか否かの違いという，固定的なものではなく，頻度の違いによる定着度，認知的際立ちの強さ・弱さという可変的な問題として捉えられることになる（⇒ 4.5 節）．頻度は言語内的な性質ではなく，むしろ言語とそれを使用する人間との関わりから出てくるものなので，さらなる言語変化をもたらす余地が十分に認められるのである．

歴史的変化で見られたことと同様の結果が，言語獲得の立場からも観察されている．就学前の子どもの発話とその世話役（caretaker）の発話を調査した Bybee and Slobin（1982）によれば，頻度の低い不規則活用形は発話の際に（誤って）規則活用を受けやすいが，一方，使用頻度が高い不規則活用形は，子どもも不規則活用として発話する率が高いことが観察されている．この結果は，子どもの発話だけではなく，その周囲にいる大人の語りかけ，つまり子どもの置かれた環境や，入力データの種類にも着目する必要があることを示唆している．大人の語りかけの中での使用頻度が低い語の場合，当然その定着度はそれほど高くないため，子どもの語彙ネッ

トワーク上にも残りにくくなる．また，定着度の低さゆえに，その語の記憶は安定を欠いており，したがって定着度の高い規則活用に引きずられることも十分に考えられる．しかし，ある不規則活用形を大人が何度も繰り返し用いている場合，それを耳にする子どもたちにとっては定着度を高める効果をもち，したがってそのままの形を保持し，再生することが容易になってくる．

　このように，頻度は，私たちの文法知識を形作る際に一役買っている概念である．従来，頻度は，言語使用の傾向を単純に表したものであり，それ以上でもそれ以下でもないという考え方が，一般に根強くあり，単なる結果記述であって説明にはならないという批判もよくなされてきた．しかしこれまでの例からわかることは，頻度が単なる結果ではなく，さらなる変化をもたらす「推進力」ともなりうる，ということである．頻度が高くなるとその認知単位が定着をもたらし，私たちの言語処理のあり方を確実に変えていくのである．

　最近の脳科学の流れでは，規則活用と不規則活用という2つのタスクが脳内の異なる部位で処理されている，ということの証明・検証を試みる研究が，次々に出てきている(牧岡 (2003) など)．ただ，言語獲得過程で，活用形の一般的規則(スキーマ)がどのようなプロセスを経て出現するのかの解明は，依然として必要で，追究する意義があろう．頻度に基づく説明は，その一側面を解明する試論として位置づけられる．

原形不定詞と to 不定詞

　トークン頻度が関わる別の事例として，英語の原形不定詞および to 不定詞という，2つの不定詞形式の違いについて見てみよう．原形不定詞が生じる環境は限定されていて，知覚動詞 see, hear, feel および使役動詞の中では make, have, let の3つとしか，基本的に共起しない(ただし，help などは to 不定詞と原形不定詞の両方をとる傾向にある)．

　　(8)　原形不定詞をとる動詞群
　　　　　a.　see, hear, feel
　　　　　b.　make, have, let, (help)

(9) to 不定詞をとる動詞群
　　　　cause, bring, force...

特に疑問とされるのが，同じ使役という意味領域を表すにも，make, have, let のみが原形不定詞をとり，それ以外の動詞は to 不定詞しかとらないという，2通りのパターンが存在することである．

(10) a. He *made* the horse *jump* the barrier.
　　 b. I must *have* him *help* me with my homework.
(11) a. He *brought* all his energies *to bear* on accomplishing it.
　　 b. The sudden flat tire *caused* the car *to go* into a skid.

では，なぜこのように2通りの不定詞が存在し，make, have, let では原形不定詞が，その他の使役動詞では to 不定詞が，それぞれ使い分けられているのだろうか．この使い分けに関しては，意味的な観点からの研究も積み重ねられているが，ここでは特に頻度との絡みに焦点をあてて，歴史的な観点から説明してみよう．

原形不定詞は，古英語期には接辞 -an を伴っていた．それが，しだいに屈折が消滅し，また最後のシラブルを明示化しなくなってきたため，現在の形に落ち着いた．この最終的過程に先立ち，to が目的を表す表現として用いられるようになり，for ... to 表現を経て，しだいに不定詞としての一般的マーカーとして定着するようになった．中英語期には，同じ言語環境において原形不定詞と to 不定詞との混在が頻繁に見られることからも，その推移が漸次的であったことがわかる．

一方，動詞のほうに目を移すと，現代英語で原形不定詞をとる make, have, let といった動詞は，中英語期までに，すでに現在のように原形不定詞をとる用法を発達させていたことがわかっている．古英語期には do, let が，そして次に make, 最後に have が，この構文形式に参与するようになっている．have がこの形式をとるようになった頃というのは，ちょうど to 不定詞形が英語に現れる初期の頃にあたる．

この不定詞の変遷，および不定詞をとる動詞に関する歴史的事実をふまえると，次のことが想定できよう．すなわち，原形不定詞を好むものは，

古英語の頃から用いられ，to 不定詞形が広まる前に定着したものと考えられる．つまり，原形不定詞とともに用いられる動詞形のトークン頻度が早くから十分に高くなったものは，その形式を保持し，to 不定詞が広まった後の時代になっても，その特異性を保守的に保ってきたという説明が与えられる（cf. Bybee 1998）．

実際に Visser（1973, 2250–2265）であげられている，〈主語＋動詞＋目的語＋（原形）不定詞〉の形式をとる動詞の記述 68 例（使役・知覚動詞の両方を含む）を概観すると，もっぱら原形不定詞を好むとされたものはそのうち 24 例だったが，いずれもその初出が古英語期もしくは中英語初期であった．逆に，to 不定詞をもっぱら好む動詞 30 例の初出年代は，使役として用いられる動詞 4 例が古英語期と記録されているのを除いて，すべて中英語期以降となっている．今も原形不定詞をとる feel, hear, see や make, let などの動詞は，初出が古英語期であり，中英語期以降の一時期に to 不定詞とも共起する混乱した事例が見られるものの，近代英語期になると圧倒的に原形不定詞に落ち着いている．そして，近代英語期以降に用いられるようになった動詞は，細かな点で誤差はあるものの，古英語期から引き続いて用いられている事例が原形不定詞を好み，近代英語期以降より生じた事例では to 不定詞が好まれている．古い形式は古い構文とともにのみ用いられ，その名残りを現在にとどめる場合があるという傾向が確認できたことになる．

このように，英語の不定詞に 2 つの形式が存在する経緯について，頻度の観点から部分的な説明が与えられる．新しい形式が登場する以前から用いられていた形式の場合，すでにその用法が定着しているために，新しい変化に対抗する力が働く．to 不定詞を用いた混乱している例が途中で見られるにせよ，原形不定詞が生き延びる理由はこの保守化効果にあると考えられる．

ちなみに，古い形式が今でも生き延びている例は，使役という意味領域でも見つけられる．現在は用いられなくなったが，原形不定詞をとる構文形を見せるものとして，do を用いた使役表現があげられる．この do 使役は，古英語時代から中英語期にかけて全盛をきわめた，頻度の高い用法

であった．しかし中英語期の終わり頃から急速にその頻度が落ち，しだいに用いられなくなってしまう．現在ではこのdo使役は用いられず，かろうじてその残存と思われる表現として，結婚式の際の誓いのことばがあげられる．現在この表現が用いられる場面は，おそらくほかにはないと思われる．

（12）　I［名前］take you［相手の名前］for my lawful wife / husband, to have and to hold from this day forward, for better, for worse, for richer, for poorer, in sickness and health, *until death do us part.*（死が2人を分かつまで）

これは，挙式のたびに繰り返される儀礼的表現である．このような場面では，古い形式の表現も全体として定型表現となり，特定の場面で繰り返し用いられることで，そのままに残されたと考えられる．これは先ほど述べた，トークン頻度による保守化効果と考えられよう．

英語の疑問文形成

さて，これまでトークン頻度が関わると考えられる語・句レベルの現象を見てきた．同様にトークン頻度の関わる文レベルの現象として，英語の疑問文形成を見ておきたい．

英語の疑問文には，大別して2通りの作り方がある．1つは，① 平叙文における助動詞をそのまま主語と倒置して形成するやり方であり，もう1つは，② 一般動詞において助動詞do（does, did）を文頭に置く形成方法である．

（13）　［AUX-SUBJ］　　Have you . . . ? / May I . . . ?
（14）　［Do-SUBJ-Verb］　Do you know . . . ? / Did he come . . . ?

さて，ここで問題となってくるのは，なぜこの2通りの疑問文形成が英語に存在するのか，ということである．なぜ一般動詞の場合には，もともと存在しない要素であるdoを介在させなければならないのだろうか．この疑問は，疑問文の語順がなぜ倒置形となるのかという疑問にも，置き換

えることができる．従来の考え方では，それは言語の構造的な問題，言い換えると言語の恣意性に基づくもの（英語はそういう言語である）とされ，普遍文法に対するパラメータ設定によってそのような恣意的な結果が生まれているのだ，とされてきた．しかし，言語の使用状況といった言語外的な要素をも考慮することで，この現象にも一歩踏み込んだ説明が可能になる．頻度という，人間がその言語表現を使用する中で出てくる要素を考慮することで，疑問文の語順がなぜあるべき姿になっているのかについても，説明を与えることになる．

　再び，歴史的な背景を見てみよう．英語はゲルマン系の言語であり，古英語期から少なくともシェイクスピアの時代までは，現代のドイツ語と同様，一般動詞も①の形態をとっていたことが知られている．

（15）　"Lives he, good uncle?"　　　　　　　　（*Henry V*, IV. vi. 4）
（16）　"Your Majesty came not like yourself . . ."
　　　　　　　　　　　　　　　　　　　　　　（*Henry V*, VIII. viii. 49）

中英語初期に［動詞−主語］スキーマは衰退するが，代わりに17世紀頃から助動詞 do の発達に伴い②の語順パターンが台頭し，定着するようになった．しかし，be や have の場合はその日常的な頻度の高さゆえに，古い形式ですでに高い定着度を示しており，それゆえに①の語順パターンがそのまま生き残った，と考えることもできる．

　現在，助動詞としての用法をもつ do, be, have は，本動詞として用いる場合はきわめて一般性の高い意味を表し，それゆえに他の動詞の上位概念として代用することができる．たとえば，go, come, walk, eat など「行為」を表す動詞は，抽象化すれば，すべて be および do の意味に還元できる．このように，to go, to come を to do something と言い換えられることから，前者は後者の下位概念だと言える（図4–2）．

第 4 章　用法基盤モデルにおける文法知識の形成　95

```
            do
      /   |   |   \
   come  go  eat  walk
```

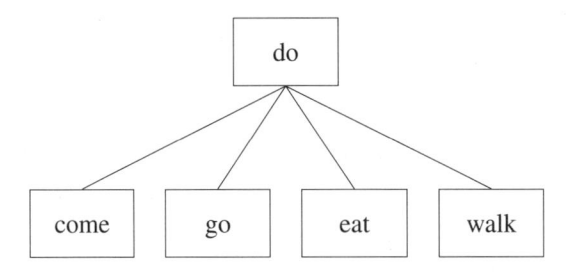

図 4-2　come, go, eat, walk と do の階層関係

この do のように，他の動詞の意味をもカバーできる一般性の高い意味を表す動詞は，用いられる頻度も自然と高くなる傾向にある．現代英語においても，話しことばのコーパス（British National Corpus: BNC）中最も頻度の高い動詞は，この基本的な意味を表す do, be, have だと報告されている．これらのことから，be や have は古い時代からでもその使用頻度が日常的に高かったことが予想される．

　高い頻度で生起するものが古い形式を保持するならば，be, do, have 以外にも頻度の高い動詞があったはずなのに，それらが倒置による疑問文形成や，否定辞を付加することによる否定文形成を現代英語で見せないのは，なぜだろうと思われるかもしれない．実際には，他の動詞でも頻度効果によって古い形式を比較的最近まで保持した例を見つけることができる．たとえば，know, doubt, care のような一握りの動詞は，do の進出に強く抵抗したという事実が知られている（児馬 1996, 93）．

(17)　a.　I have heard the Prince tell him, I know not how oft, that that ring was copper.
　　　　　（Shakespeare, *The First Part of Henry IV*, III. iii. 83–84）
　　　b.　I care not if I was never to remove from the place.
　　　　　（Defoe, *Robinson Crusoe* 153.28; 児馬（1996, 93）より）

これらの動詞，特に know という動詞は，現代でも使用頻度の高い述語に数えられ，BNC の話しことばコーパスでも上位に位置する動詞である

ことがわかっている．ここでもやはり，頻度と保守化傾向との間に相関関係を見出すことができる．

これらの動詞の主語として最も用いられやすいのは，代名詞である．John や the gentleman などの表現よりも，代名詞 he のほうが頻度も高くなるはずである．特に上であげられている例は，いずれも主語が I である．「わからない」，「気にしない」などという自分の意見表明の表現として用いられることで，比較的頻度も高く，従来の形式を保持する方向にいったのではないかとも考えられる．

また，イギリス英語における have 動詞の特異性も，頻度の観点から同様に説明できる．イギリス英語では (18) のように，have を助動詞と同じように用いて疑問文や否定文を作る用法がある．この用法は，have の昔からの本義とされる「所有」の意味の場合にのみ許されており，たとえば「食事をする」などの意味では助動詞 do を使わなければならない．

(18) a. Have you any money on you?
 b. Have you any linctus [なめて服用する咳止め液]?

(BNC)

 c. I haven't the slightest idea.

同じ have であっても，その用いられている意味によって疑問文の統語形成が異なるのはなぜだろうか．このことも，頻度効果によって説明が可能である．動詞 have は頻度も高いが，もともとの中心的意味は「所有」であるということから，この中心的意味で古来最も高い頻度で用いられたことは，想像に難くない．つまり，最もよく用いられる動詞およびその意味は，古い形式を最もよく保存するのである．

さらに興味深いのは，助動詞 do を用いた語順パターンが，かなり急速に広まったという事実である．これも頻度効果という観点から，次のような説明が与えられよう．すなわち，頻度の高いものはその定着度の強さゆえに保守的な力をもち，新しい変化に最後まで抵抗する．しかし，いったんその新しい変化に屈してしまうと，こんどはその頻度の高さゆえに，急速にその変化の流れに適応してしまうと考えられる．

2つの否定形式と動詞

また，トークン頻度の見せる保守化効果の事例として，英語における2つの否定形式があげられる（Tottie 1991a, b）．英語には，no を用いる否定形式と not を用いる否定形式の，2つが存在する．

(19) a. He saw no books.
    b. He did not see any books.
(20) a. He no longer saw it.
    b. He did not see it any longer.

歴史的事実として，(19a) や (20a) のパターンである no 否定形式は，古英語期にまで遡ることができる．一方，(19b) や (20b) のパターンである not 否定形式は中英語期に始まった形式であり，比較的新しい表現形式である．

現代英語のコーパスを調査すると，no 否定を用いている割合が高い動詞は，話しことばと書きことばで若干の違いはあるが，総じて，存在の be，状態の have，そして一般動詞では do, know, make であった．これらの動詞の共通点は，意味的な側面には見出せず，いずれも高頻度に用いられるという点に求められる（Francis and Kučera 1982, 465）．すなわち，高頻度で用いられる動詞では，古い形式である no 否定を保持する保守化効果を見せていることがわかる．no 否定から not 否定へと発展が見られたのは，近代英語期のようであるが，その変化の伝播の度合いも動詞によって異なっているのである．

以上，トークン頻度が見せる保守化効果を表す言語研究事例を4つ見てきた．この効果が特に顕著に表れるのは，言語の通時的・歴史的な側面であり，実際この概念が有効性を見せるのも通時的な研究においてである．詳しい事例については第6章で見る．

4.3.2　トークン頻度の縮約効果

前節では，トークン頻度のもたらす「保守化効果」を見てきた．実はも

う1つ，トークン頻度による効果がある．それは，トークン頻度の高い言語形式が1つの処理ユニットとしての地位を得るのに付随して，音声の縮約変化やそれに伴う意味変化が生じる，ということである．この現象は，もっぱら語よりも大きな単位の言語表現に対してあてはまることであり，ここでは総合して「縮約効果」(reduction effect) と呼ぶ．

　まず，定型表現として常に決まった語彙配列で用いられる表現には，音変化が生じやすくなる．これは，認知処理上1つの単位，つまりチャンクとして処理される際に，労力の少ない，言いやすい形式へと変化するためだろう．たとえば，日常口語表現として次のような縮約が起こる．

(21) a. I am going to
　　　b. I'm gonna [gánə]
　　　c. I('m) gonna [aimənə]
(22) a. I am → I'm
　　　b. I have → I've
　　　c. I do not → I don't

しかし，単純に隣接する音の性質だけで，この縮約が決定されるわけではない．縮約現象は，頻度の影響を大きく受けている．たとえば次の事例において，音声の縮約現象が起こりやすいのはどちらだろうか．

(23) a. I miss you.
　　　b. I miss Eugene.

動詞 miss の後に続けられている音は，どちらも等しく [j] という子音であり，音韻的条件上は同一である．しかし，明らかに (23a) のほうは縮約を起こし，(23b) は縮約を起こさない．このことは頻度に基づき，以下のように説明される．すなわち，you は代名詞であり，性別・数を問わず使うことができる．したがって，日常におけるトークン頻度が明らかに高い表現だと言える．一方 Eugene という固有名詞は，代名詞ほどには頻度が高いとは言えない．よって，音声条件が同じであっても，(23a) のほうが縮約を起こす可能性が高いことがわかる．

音韻論的には同じ条件下でも，実際にはトークン頻度の高い語から先に音変化が生じる傾向にあり，その変化が進む程度も，高頻度のもののほうがより顕著である．たとえば，語尾の /t/, /d/ 音でその直前に子音がくるものは弱化される傾向にあるが，中でも最も高頻度で用いられる and などは，語尾の /d/ 音そのものが消失していることも多い．

(24) a. went
　　 b. just
　　 c. and [ǽn(d)]

他の類例を見てみよう．強勢のある母音の後にあるあいまい母音（schwa: 発音記号 [ə] で表される音）のうち，後に /r/, /l/, /m/, /n/, /y/, /w/ といった「半母音」と呼ばれる音を従えるものは，しだいに弱化を受けると言われる（Hooper 1976）．しかし，実際には同じ条件下にあっても，語によって事情が少し異なる．memory, salary など高頻度で用いられる語の，最後から 2 音節目のシラブルは，低頻度である mammary, artillery などの語の場合よりも弱化される傾向にある（Hooper 1976）．辞書にもそれを反映する記述が記載されており，特に every や evening など日常的に頻繁に用いられる語では，すでに完全にこのあいまい母音が消失していることが多く，辞書にもそのように表記してあるものが多い．

(25) a.　every [évri]　　　　evening [íːvniŋ]
　　 b.　memory [mém(ə)ri]　salary [sǽl(ə)ri]
　　　　 summary [sʌ́m(ə)ri]　nursery [néː(r)s(ə)ri]
　　 c.　mammary [mǽməri]　artillery [ɑːrtíləri]
　　　　 summery [sʌ́məri]　　cursory [kéː(r)səri]

このように，頻度の高い語ほど，しだいに音変化を促進していくと言えよう．それは，定型表現として何度も耳にしたり口にしたりしているうちに，できるだけ労力少なく合理的に処理しようとするためだと考えられる．つまり，ここでは処理の自動化（automatization of processing）が生じていることがわかる．

縮約効果と意味変化：be supposed to の例

　処理の自動化が進むことで表現全体が1つのチャンクとなると，こんどはそのチャンクに対応する意味が，もとのものとは変化してくる現象が見られるようになる．すべての縮約効果が意味変化を伴うわけではないが，中には新たな意味を獲得するものも出てくるのである．

　もとの表現から意味がずれてきた例の1つとして，be supposed to という表現が [spostə] に縮約される現象があげられる．これは口語で見られ，元来は動詞 suppose の受動態であったはずの表現が，しだいに助動詞的に話者の確信度を伝える表現へと発達した事例である．

(26) a. He is supposed to be very knowledgeable.
　　　b. He's *s'posta* be very knowledgeable.
　　　　　　　　　　　(Bybee and Thompson 1997, 379)

(26a) は純粋な受動表現であり，動詞 suppose も「想定する，信じる，みなす」という内容的意味を保持している．一方 (26b) の意味はこれと異なり，「彼はたぶん知識人のはずだけどな」になっている．ここでの「たぶん...だ」という部分は，この文の発話者の認識判断を示していることになる．英語の助動詞の may, must, can などにも，この認識判断の用法が見られるが，それと類似の意味を表していることになる．

(27) a. He may be a gentleman.（彼は紳士かもしれない）
　　　b. He must be a gentleman.（彼は紳士に違いない）
　　　c. He can / cannot be a gentleman.（彼は紳士でありうる / のはずがない）

このとき，もともとの統語的な構造も，(26a) と (26b) では異なっていることに注意したい．「主動詞の受動態＋to 不定詞」という位置づけであったはずの「be＋過去分詞」という構成素構造は，後者において単独の助動詞 (s'posta) であるかのように振る舞うことになる．また，発話者の認識判断を表す表現となっているため，「一般の人によって」(by most people) といった通常の受動文でなら許容される表現とは，共起できなく

なっている．

(28) a. He is supposed *by most people* to be very knowledgeable.
b. *He's *s'posta* be very knowledgeable *by most people*.
(Bybee and Thompson 1997, 379)

つまり，(28b)はもはや，統語的にも意味的にも，動詞 suppose の受動態を表してはいないのである．この表現が口語表現であり，音声変化を伴っていることから，トークン頻度に基づく縮約効果によって，主観性がさらに増した意味へと変化した事例であると言えるだろう．

don't 縮約

もう1つ，トークン頻度の縮約効果と意味変化との関わりを表す例として，否定辞 not と結合した縮約形（don't, can't など）があげられる．特に don't 縮約形は「トークン頻度の高いもの（I don't know）で最も頻繁に起こる」ことが確かめられている（Bybee and Scheibman 1999）．もともと縮約形は口語で用いられる形式だが，Bybee and Scheibman はアメリカ口語英語における don't に着目し，それが生じる環境を調査した．その結果，don't の生起と，それとともに用いられる主語および動詞の頻度との間には，相関性が見られることが明らかになった．最も多かったのは主語が1人称で動詞が know の場合であり，この2つを合わせた I don't know の組み合わせが最もトークン頻度が高かった．この報告は，I don't know を縮約して I dunno と綴ることがあることからも確かめられよう．

この，dunno と綴るほどに縮約形のチャンクを形成した表現は，縮約を起こさない I don't know 表現に比べて，その使用範囲が異なる．次の違いはそれにあたる．

(29) a. When will he come? — I don't know.
b. Will you finish the salad? — I dunno. Not now.

(29a)は，文字どおり本当に内容を知らない場合の発話であり，動詞 know の基本的・中心的意味をそのまま反映した表現である．一方(29b)では，

自分の意見や表現にやや自信がないときの挿入的表現，いわば談話的機能をもった表現となっている．ここでの dunno は短く一気に口にされる表現であり，「どうしようかな，どうかな」とでも訳すべき，話者の不確かさの表明となっている．つまり，know という語の意味を忠実に反映しているわけではなく，むしろ I don't know 全体で用いられて初めて，談話上の意味をもつのである．この「不確かさ」は，話者の主観的な判断を色濃く表すものであり，先ほど見た be supposed to の事例と同じく，ここでも主観性が増す方向へと意味が変化してきているのがわかるだろう．

　以上見てきたように，言語変化というマクロ的プロセスに，頻度が無視できない影響を与えていることが明らかになった．頻度は，理論上設定された架空の抽象物ではなく，はっきりと心理的実在性をもつ，経験的に検証できる要因であり，それによって，言語がなぜ現在ある姿になったのかに対する説明が可能になることが，さまざまな文法現象から明らかになった．

　トークン頻度の高さは，定着度と深く関わっている．定着度が高くなると，その特異性を保守的に維持する傾向がある．トークン頻度がもたらす性質を考慮することで，なぜ不規則活用動詞が存在するのか，なぜ原形不定詞と to 不定詞という両方が存在するのか，そしてなぜ英語の疑問文は大きく分けて 2 通りのパターンがあるのかといった疑問に対して，1 つの答えを与えることが可能となる．従来は，「言語はそういうふうにできているのだ」と言語の恣意性を全面に押し出して，こういった設問に対する回答を回避してきたか，もしくは言語内在的な言語内で閉じられた装置を仮定し，その回答を求めていく傾向があった．しかし，ここで見たように，人間が言語表現をどのように用いているのかという環境的・語用論的側面を考慮し，その一例としての頻度概念を積極的に取り入れていくことで，上記の疑問に対してもさらに一歩踏み込んだ説明が可能になる．言語は変化していくものであるが，その変化はまさに，人間が用いることによってもたらされ，現在ある姿になってきたのである．

4.4 タイプ頻度の生産性効果

4.2 節でも概観したように，頻度にはトークン頻度に加えて，もう1つの捉え方がある．それがタイプ頻度である．タイプ頻度は，類似の多様な表現がどの程度可能かを示すもので，その上位に位置する，より抽象度の高いスキーマ・レベルの定着度を決定する．タイプ頻度が高いほど，つまり，できるだけ多くの種類の表現が可能であるほど，そのスキーマが十分に定着し，新規例に出会ったときにも真っ先に活性化され，利用される可能性が高くなる．4.3.1 節で見た，規則変化動詞の過去形にあたる [V-ed] スキーマも，実に多くのタイプの動詞に適用されるため，言語知識の中ではかなりの定着度を保持していると考えられる．

用法基盤モデルでは，タイプ頻度を「**生産性**」(productivity) を高めるのに貢献する要素と考えている．生産性とは，ある表現パターンがそれまで用いられたことのない新しい形式に適用される可能性を指す．生産性が高いということは，その表現パターンが，ある種の「規則」として，数多くのさまざまな形式に応用される可能性が高いことを表す．ここでの表現パターンは，スキーマと言い換えることができる．生産性の高いスキーマは定着度も高く，それゆえに活性化もされやすく，新しい例に応用しようとしたときの利用可能性も高くなる．たとえば，規則活用接辞を用いた [V-ed] スキーマは，新しい動詞に適用されて過去形を作り出すことができる (例: faxed, e-mailed, xeroxed) ため，生産性が高い．それに対して，catch, buy, bring などの過去形のスキーマである [C-{a/o}-ught / /C-ɔːt/] は，新しい動詞に拡張適用されることはないため，生産性が低いパターンである．

では，なぜタイプ頻度が生産性と関わるのであろうか．このことは，以下のように説明できる．たとえば，子どもは日常生活で cooked, played, rolled, caught, bought, brought など，基本的と思われる単語の過去形にいくつも遭遇していると考えられる．この具体的事例，すなわちトークンの頻度に基づいて，それぞれのタイプがしだいに定着を起こす．中には，日常的にはそれほど出会わない表現 (devastated など) もある．トークン

頻度の高低に応じて，そのタイプ表現の定着度が決定されていく．

ある程度の種類の過去形に遭遇すると，こんどはそれぞれを，類似性・共通性に基づいてグループ分けして整理する段階がやってくる．これがスキーマ抽出である．上の事例であれば，-ed 接辞を伴うグループと，［子音 + {a/o}-ught］という綴りで，/ɔːt/ という発音を見せるグループにそれぞれ分けることができ，その共通性は以下のように捉えられる．

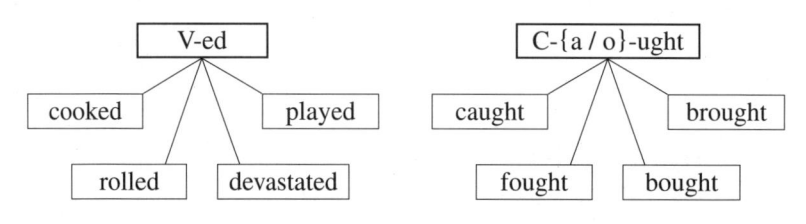

図 4–3　規則変化と不規則変化の過去形のタイプとスキーマ（1）

それぞれに抽出されたスキーマは，その後，違う位置づけをもつようになる．子どもは上にあげた事例以外にも，stayed, danced, moved, burned など，次々に同じパターンを示す表現にたびたび出会うことになる．つまり，［V-ed］スキーマのタイプ頻度は，どんどん高くなる傾向にある．これに対して，［C-{a/o}-ught］パターンを示す表現はほかにそう多くなく，したがって新しく出会う頻度も低い．つまりこちらのタイプ頻度は，低いままである．

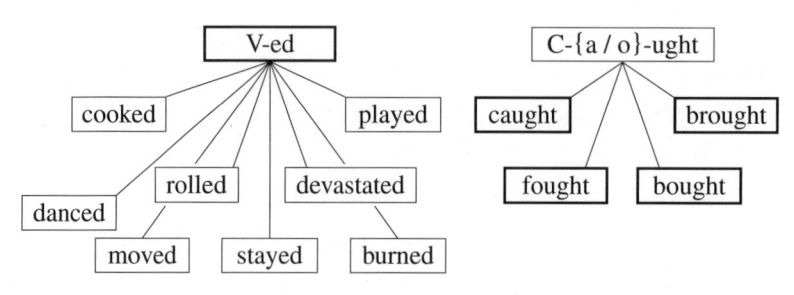

図 4–4　規則変化と不規則変化の過去形のタイプとスキーマ（2）

タイプ頻度が高いと，その上位のスキーマにも定着が見られるようになる．このため，[V-ed]スキーマは定着を見せる．一方[C-{a/o}-ught]スキーマは，下位のタイプそのものは定着をしているものの，その種類の数がかぎられているために，全体としてのタイプ頻度が低く，それ自体が定着するまでには至らない．

　ここで，タイプ頻度が高くなってその上位のスキーマが定着すると，活性度が上がってアクセスされやすくなるため，こんどはそのスキーマそれ自体がある種の規則のようになって，新しい事例にもトップダウン式に拡大適用される可能性が出てくる．つまり，生産性が出てくるのである．たとえば，e-mail, fax, xerox など，20世紀になってから現れた，いわゆる文明の利器の名称を用いた動詞が新たに作られているが，いずれも[V-ed]スキーマの適用を受けている．このことは，タイプ頻度の突出した高さによって，[V-ed]スキーマの定着度がずば抜けて高く，一種の規則のように機能していることを示している．

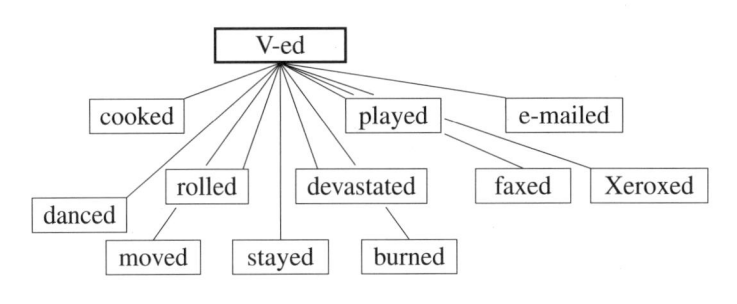

図4–5　規則変化の過去形のタイプとスキーマ

　これに対してトークン頻度は，生産性に直接的に貢献することはないとされている．トークン頻度は，個々の語形(タイプ)の定着度を決定する．よって，トークン頻度が高ければ，その特定の語形(タイプ)の定着度も高いことにはなる．しかし一方で，トークン頻度の高さ(ゆえに，その語形の定着度が高い場合)は同時に，その他の関連する語形との結びつきが弱いことにもつながる．先ほどの不規則変化の例を，もう一度振り返ってみよう(図4–6)．

```
                    C-{a / o}-ught
                   /              \
         -aught / [ɔ:t]        -ought / [ɔ:t]
          /        \           /     |     |     \
       caught    taught   brought  fought  thought  sought
```

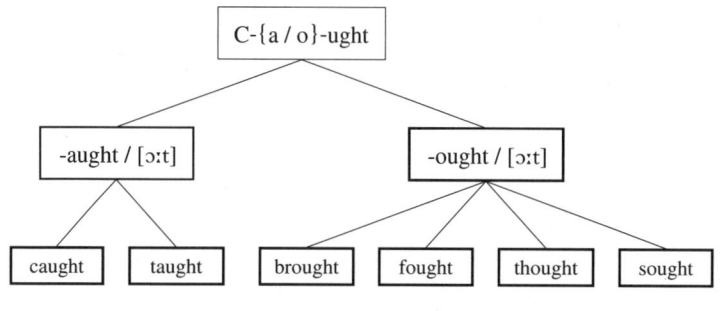

図 4-6　不規則変化の過去形のタイプとスキーマ

caught, taught, brought, fought などの具体例を通じて，たしかに [C-{a/o}-ught / [C-ɔ:t]] スキーマは抽出されている．しかしそのスキーマをより定着させるためには，次々とこの形式の過去形に出会わなければならないのだが，実際にこの形式をとる動詞は 10 種類あまりにかぎられている．そのため，caught, brought など，それぞれのタイプの表現そのものは定着度を上げるが，肝心なその上位のスキーマが定着度をこれ以上上げることはない．つまり，他の語形との関連づけが希薄なまま，その語形だけが突出した定着度を示すにとどまってしまう可能性が高い．したがって，トークン頻度が高いことは，そのタイプの定着度を高める役割を果たしはするが，さらにその上位のスキーマの定着度に対しては直接的には貢献できないのである．

　従来の言語学では，規則活用と不規則活用とは文法上，それぞれ異なるシステムに基づいて作り出されると考えられていた．規則活用は（人間に生得的に備わっている）文法の規則，すなわち普遍文法につかさどられて形成されているので，トップダウン式にその規則が適用される．一方で，不規則活用は規則がつかさどるものではなく，したがって 1 つ 1 つ丸覚え（rote-learning）学習することで，レキシコンに登録，貯蔵されると考えられていた．このように，文法上 2 つの処理システムを想定することにより，人間の文法知識の合理的な面と非合理的な面とを分けて考えるのが，

従来からの主流である．

　これに対し用法基盤モデルでは，規則活用も不規則活用もどちらも一貫してネットワークを形成すると捉える．つまり，規則活用であろうと不規則活用であろうと，どちらも最初はまず「学習」しなければならない．そしてその学習をもとにして，ボトムアップ式に，それぞれのタイプ間に見られる共通性をスキーマという形で抽出する．ここまでは，どちらも同じである．規則活用と不規則活用とが異なるのは，同じネットワーク上で抽出されたスキーマの定着度（認知的際立ち）の強弱である．規則活用のスキーマは結果としてそれ自体が定着しており，認知単位として確立し，際立ちも高い．一方で不規則活用の場合は，共通のスキーマを抽出することはできるものの，スキーマよりも個々の例のほうが頻繁に用いられ（つまりトークン頻度が高く），そちらのほうが定着度も高いと考えられる．

　この違いは，同じネットワーク上における頻度の分布の違いに基づくものである．スキーマの下位に現れているタイプの種類が多い場合，つまりタイプ頻度が高いと，そのスキーマの定着度がしだいに高くなる．いったんスキーマが定着すると，こんどはスキーマそれ自体を新規事例にもあてはめようとする，トップダウン式拡大適用が起こる．この最たるものが，規則活用形スキーマである．スキーマの定着にも，ある程度のタイプ頻度が保証されていなければならないが，いったん定着すればタイプ頻度がさらに促進される構図になるため，スキーマの生産性はますます高くなり，究極的には規則とおぼしき拘束力をもつに至るのである．

4.5　スキーマの競合と可変性

　生成文法理論が想定する，原理原則が結果として生み出す「規則」を，用法基盤モデルではスキーマの定着度で規定するため，その適用可能性は絶対的なものではなく，程度問題であると考えている．スキーマの定着度は頻度に基づいているため，状況や時代・共同体などによって変化しうる可能性を秘めている（第3章3.4節も参照のこと）．頻度の変動によっては，4.3.1節で見たように，不規則活用されていた動詞が，規則活用動詞へと変わっていく事例も，十分にありうることになる．

Bybee and Moder (1983) は，不規則活用のスキーマの中でも，わずかながら生産性の名残りをとどめる事例があることを指摘している．そして，表 4–3 に示すように，不規則活用パターンを示すものの中でも比較的タイプ頻度が高いと見なされるグループとして，母音交替（[i]〜[ʌ]）による強変化動詞（strong verbs）の事例をあげている（Bybee and Moder 1983, 252）．

表 4–3　過去・過去分詞の母音が /ʌ/ の強変化動詞

n	spin / spun win / won
ng	bring / brung*（方言） cling / clung fling / flung* hang / hung* sting / stung* sling / slung* string / strung* swing / swung wring / wrung
nk	slink / slunk
k	shake / shuck*（方言） sneak / snuck*（方言） strike / struck* stick / stuck*
g	dig / dug* drag / drug*（方言）

歴史的に見て，*印のものは，古英語時代にはこの不規則変化パターンを示しておらず，その後にメンバーとして参入したようである．つまり，このスキーマに引きつけられて新規参入した動詞があったということである．もしこの観察が正しければ，不規則活用として 1 つ 1 つ覚えるしかない，固定化されていると考えられていた強変化動詞グループの中でも，わずかながらタイプ頻度に基づく生産性を見せていたスキーマが存在するこ

とになる．残念ながら現在ではその生産性はもはや見られないが，新規に表現を創り出す力はまだ若干保持しているようである．Bybee and Slobin (1982), Bybee and Moder (1983) の実験では，母語話者が新たに作り出した過去・過去分詞形のうちで，規則活用形に次いで多かったのは，この強変化動詞タイプであった．

　時代の流れの中で確実に推移を見せたグループがあったという以上の事実は，原理原則に基づくトップダウン的・固定的な考え方よりも，スキーマが定着して，その定着度に基づいて規則的な力が発揮されるとする，ボトムアップ式の考え方の優位性を示しているのではないかと思われる．

4.6 類推について

　私たちは日常生活の中で，今までに経験したことのない事態に直面することがしばしばある．その状況に対処するために，私たちは「類推」(analogy) という心的活動を行って，未知の世界を理解しようとしている．類推とは，あるものを別のものに見立ててみることである．類推は日常のカテゴリー化に必要な能力であり，抽象的な新しい概念を認識・理解する助けとなる．

　類推という認知プロセスは，近年の認知科学領域で大変重要視されている．その理由の1つとして，心を，規則という固定した性質をもつものの集合として説明することは難しいとする見解が広まってきたことがあげられよう．人間の行動や認知を，規則に従ったものとして説明することは，場の限定や条件の理想化を行えば可能である．しかし実際の人間は，常に規則的な行動を行っているわけではない．場や条件などもそのつど変更を受けるし，そのわずかな変化に応じて，行動や認知も大きく変化を見せる．このような「例外的」行動に対しては，「規則に従った行動」という立場からの説明が難しくなるし，例外1つ1つに対する規則を，そのつど設定しなければならなくなる．

　そうかといって，完全に経験にのみ基づいて規則を作り上げていくことは，もっと難しいと言えよう．1つ1つの経験は多様で複雑であり，規則を作り上げるのに本質的となる経験もあれば，そうでないものも雑多にあ

る．しかし，学習途上にある者にとっては，その区別をつけることはできない．そのため，むやみな規則の生成が無限になされてしまう危険性がある．

そこで，その中庸をとる考え方が生まれてくる．それは，私たち人間が，抽象度の高い規則体系をあらかじめ保持しているというよりも，むしろさまざまな経験を即物的・具体的な形で保持しており，かつそれを，それぞれの場において適合するように修正しながら行動し考えているのではないか，というものである．これが，類推に基づく心的活動である．

類推が行われる際には，馴染みのある既知の世界がそのプロセスのベース（起点領域：source domain）となり，このベースをもとに，これから理解しようとする世界がそのターゲット（目標領域：target domain）となる．ターゲットに関わる状況を，ベースにおけるそれに基づいて理解しようとするためには，両者の間になんらかの類似性が見出されなければならない．類推に必要なのは，表面的には異なっている状況間に，類似した抽象的なパターンを見つけ出し，それを引き出す能力である（第3章3.1節であげた「抽象化の能力」を参照）．そのときにベースとして参照されるのは，具体的で既知の経験に根ざした状況である．この類似した抽象的パターンは，スキーマという形で抽出される．

4.6.1 類推に関わる類似性

類似性という概念が，カテゴリーの成員の認定に際し重要なものであることは，疑いようがない．しかし，この類似という概念は，実は不明瞭である．というのも，どんなものであっても，なにかしらどこか似ている些細なところを探し出せるからである．では，カテゴリー認定において要求される類似性とは，どのようなタイプのものなのだろうか．

認知科学における類推研究である Holyoak and Thagard (1995) に従えば，類推が起こるために本質的に必要とされる類似性とは，次の3つである (Holyoak and Thagard 1995, Ch. 3).

(30) 類推に関わる類似性：
    a. 対象のもつ属性レベルの類似性

b. 対象が関わる関係の類似性（一次的関係）
　　　c. 一次的関係どうしに見られる高次の類似性（システム・レベル）

このうち類推において重要視されるのは，(30a) の「属性レベルの類似性」よりも，(30b) の「関係の類似性」もしくは (30c) の「高次レベルの類似性」である．つまり，属性そのものよりも関係の類似性が，類推を促進する動機となるとされている．

　この3つの類似性を，言語のレベルで説明してみよう．たとえば，(31) にあげた2つの文で表されている事象を比べ，どちらが「より似ているペアか」と尋ねてみると，おそらく圧倒的に (31b) のペアに軍配が上がると思われる．

　(31)　a.　「太郎が次郎を叩いた」vs.「太郎が次郎を蹴った」
　　　　b.　「太郎が次郎を撫でた」vs.「次郎が太郎を撫でた」

(31a) では，どちらも太郎が動作主（Agent）で次郎が被動作主（Patient）であり，参与者役割がどちらの事態でも同じ，つまり (30a) に相当する属性レベルでの同一性が見られる．一方 (31b) では，太郎が動作主の場合と被動作主の場合とがあり，事態に関わる参与者性は異なる（つまり同一性はない）が，参与者間に成立する「撫でる」という関係は同一であり，(30b) に相当する，関係の強い類似性が見られる．ここで (31a) よりも (31b) のほうがペアとしての類似性が強く感じられるという判断結果が示しているのは，個々の参与者がたとえ異なっていたとしても，その参与者間に見られる関係になにかしら類似性が認められれば，それは類推を促進する力となる，ということである．つまり，類推において重要なのは，関係レベルでの類似性なのである．

　この〈太郎が次郎を撫でた〉と〈次郎が太郎を撫でた〉という関係レベルの類似性をさらに抽象化したのが，〈XがYを撫でた〉という高次レベルの関係であり，これが (30c) にあたる．これは，個々の関係事例に見られた特殊性を取り除いた，それぞれの例に共通する構造を抽出したものであり，つまりはスキーマとなる．ひとたびスキーマが抽出されれば，それ

は新たな事例に出会ったときにも，関係の類似性を見出せるかぎりにおいて容易に想起されて用いられる．このように類推という認知能力は，既存の言語に法則性を見出すという点で，言語獲得のプロセスにも大きく関わってくるものとなる．

　また類推は，それまでにそもそも存在すらしていなかった表現を創造することもある．この場合の類推は，スキーマの構造の再分析という形で表れることが多い．例として，語形成パターンの1つである「逆(形)成」(back formation)（並木1985, etc.）を考えてみよう．逆成とは，本来の派生パターンとは逆のプロセスをたどって新しい語を作り出す操作を言う．たとえば，babysit（子守をする）という動詞は，babysitter からの逆成である．play + er → player という派生パターンが英語に数多く見られる事実をもとにした，babysitter → babysit + er という再分析により，最初は存在しなかった動詞 babysit が新たに作り出されたのである．ここで構造の再分析を動機づけたのは，他の言語表現パターンからの類推だということになる．

4.6.2　-er 名詞について

　類推による構造の再分析が関わってくる語形成プロセスの例として，-er 名詞をここで取り上げてみよう．-er 接辞は生産性の高い接辞であり，player, fighter, sender, destroyer など動詞について名詞を作り出す．動詞にはその動作主となる役割が存在することが多く，たいてい主語として具現化されるが，-er 接辞は，その動作主自体を表す名詞を作り出す．player は play を行う人であるし，destroyer は破壊を行う人である．

　しかし実際には，分析性の程度により，話はもう少し複雑になる．たとえば printer（「印刷する人」ではなく，「印刷するもの」→プリンター），stapler（「針を刺す人」ではなく「針を刺すもの」→ホッチキス）など，指し示すものが特殊化されている事例や，propeller（「推進する人」ではなく「推進するもの」→プロペラ）などのように，-er 接辞がついたとはもはや認識しがたいものまで，さまざまである（Langacker 1990, etc.）．

(32) a. player, fighter, sender, destroyer
    b. printer, stapler, propeller, computer,

興味深いことに，たしかに -er 名詞には動詞派生のものが多いが，実際のデータを見てみると，明らかに名詞派生の -er 名詞も数多く存在している．(33) はその例である．

(33) free-luncher = one eating the free-lunch at bars
    two-seater   = a car with two seats
    four-footer   = an animal with four feet
    grass-seeder = a person who gathers grass-seed for sale
    half-miler   = one who competes in a half-mile race
    Fulbrighter   = one who has been awarded a Fulbright
    Charlestoner = one who danced the Charleston

では，なぜ名詞にまで -er 接辞をつけることが可能なのだろう．Ryder (1999) は，いくつかの理由を述べている．まず，英語には名詞転換動詞が多いため，名詞と動詞の区別が形態的にはつけられないことがしばしば起こる．次の例はすべて名詞用法と動詞用法の両方を持つものである．

(34) drain, drill, duel, export, farm, fan, mop, pin, study, walk, work, etc.
(35) He bought a new *mop*, and he *mopped* the floor.

このように形式上品詞の区別をしがたいものが，英語には多々見られる．そのことも手伝ってか，もともと動詞のみをもっぱら基とする -er 形が，その動詞と同型の名詞をもその基底形としてとると再分析された可能性がある (Ryder 1999)．この再分析が行われた結果，類推に基づいて，明らかに名詞としてしか解釈できないものにも -er がついた表現が出てくるようになったと考えられる．

この再解釈と類推のプロセスは，英語の歴史を通じてずっと存在している．例として，複合名詞の -er 形を考えてみよう．

(36) horse ride → [horse-rid]ing   /   [horseride]er

```
daydream    → [daydream]ing    / [daydream]er
book review → [book-review]ing / [bookreview]er
handshake   → [handshake]ing   / [handshake]er
```

-er 接辞は元来，動詞につくものなので，複合語 horserider は horse + [[ride] + ing] と同様に horse + [[ride] + er] と分析されるべきところである．一方でこの語 horserider は，馬に乗る人一般を指すよりも，「horseride（乗馬）に参加する人」の意味で用いられるのが普通である．この考え方に基づけば，同じ語 horserider がこんどは [horse-ride] + er と再分析されることになる．このスキーマは次のようにまとめられる (Ryder 1999)．

(37)　N + [V-er] > [N + N] + -er
　　　[horse$_N$ [[ride]$_V$-er]] > [[horse]$_N$ [ride]$_N$]$_N$-er

つまり，もともと動詞につく接辞であった -er が，意味の定着に基づいて同じ構造を再分析することにより，名詞につく接辞へと自然な形で捉え直されていったことになる．このようなスキーマの再分析を通じて，名詞に -er をつけて造語することがしだいに行われるようになったと考えられる．

4.7　まとめ

　頻度が高くなれば，その定着度が変化し，結果的には言語システムも変容する．理論的側面から換言すると，実際の発話のトークン頻度という，Chomsky の立場で言うところの運用 (performance)・処理レベルの要因が，言語システムという能力 (competence) レベルのものに影響を及ぼすということである．つまり「能力」と「運用」の分類は，用法基盤モデルでは意味をなさない．むしろ，「処理レベル」とされるものも「能力」の一部であり，2 つは常に相互作用していくとみなされる．能力レベルでよく問題とされる「規則による認可」といった概念は，用法基盤モデルにはなく，代わりに「すでに基準として定着しているユニットとどの程度合致するか，どの程度ずれるか」といった合致性の程度の問題として捉えられることになる．

ここで予想される疑問がある．話者それぞれは経験も異なるし，その環境における言語表現の頻度にも偏りがある可能性が十分にあるのに，結果的に同じような文法を作り上げるのはなぜなのだろう．これに対しても，他者との相互作用として文法を考える用法基盤モデルは，次のように考える．たしかに，話者が異なればまったく同じ経験をするはずもなく，頻度も変わりうる．しかし，話者は孤立して存在するわけではない．必ずや，入力を提供してくれる周囲の人間，共同体をもっているはずである．そもそも言語は，コミュニケーションの手段として用いられる．初めに機能ありき，である．このような相互作用の中で，話者たちは互いに似た反応を返し合うことになる．ある話者の発話は他者の発話の影響から逃れられないのであり，また，めぐりめぐって他者の発話に影響を与える．その中で小さな変化が始まることも十分に生じうるし，また同時に，保守的に集団に守られ，受け継がれていく側面もあることになる．

　また，この考え方では，文法知識カテゴリーを動的なものと捉え，学びの役割を重要視する．結果として，母語話者の文法知識も，完成までにかなりのプロセスと時間および記憶量を必要とするし，またその母語話者が成人になっても，なお，学習経験によって変わりゆくものである．

　この考え方は，伝統的なレキシコンのイメージとはかなり異なることにも注意したい．リストが貯蔵されたものという，静的なイメージの強いレキシコンだが，ここでの考え方に沿うならば，レキシコンとはどこかに「蓄え」の場所として存在するというよりも，言語的な経験を通じてネットワーク上のノードとして現れ出てくるものだと捉えたほうが正しい．言語単位は認知ルーチンとみなされており，それは心的な活性化のパターンが何度も繰り返し起こったものと位置づけられる．この認知ルーチンも，使われなければ錆びついていくのだが，何度も繰り返し接することでルーチン間に水路づけが行われるようになり，やがては常に水をたたえた川のように強化されていく．そして，頻度が低くなれば再びその水が枯れ，水路が絶えることも十分に考えられる．

　このように，ことばを自由に操ることができる人間の「言語知識」は，以前に見聞きした，つまり経験した発話を分類し，カテゴリー化し，ネッ

トワーク化した総体とも考えられる．この考え方を推し進めると，文法は，実際の場面の中から現れ出て形をなしていく側面をもつこととなる．私たちの一般的な認知能力がコミュニケーションを産み，それが再び認知能力と文法を作り上げていくのである．

第5章　創造的カテゴリー：
共時的観点から

　カテゴリーは拡張する．文法現象のカテゴリーも同じである．この章では，基本のプロトタイプとして用いられる表現をもとに，さまざまなヴァリエーションを示す新たなる表現が生み出されていく過程を概観する．前章までで説明した頻度やスキーマ抽出，類推など，用法基盤の概念が具体的な言語表現カテゴリーを形成し，拡張させ，また変容させていく姿を見ていく．

5.1　複合語とカテゴリー化

　まず最初に見るのは，日本語の複合語形成である．「〜触り」という複合語を例に，その用法が拡張していく仕組みについて考えてみよう．「〜触り」は，「手触り」，「足触り」，「口触り」，「歯触り」，「舌触り」，「肌触り」，「畳触り」など，『広辞苑』に見出しが載っているだけでも7語ある．これらは，「畳触り」を除いてすべて，対象物に直接接触する人間の身体部位を表す名詞と結びつき，「〈接触する身体部位〉＋触り」という形式が，「人間の身体部位が対象物に直接ふれたときの感触」を意味している．
　一方，「畳触り」の場合は，「歩く時，足や着物の裾が畳にふれること．また，そのふれ具合」と『広辞苑』に記載されている．これは，立ち居振る舞いを示す特殊な意味であるものの，「畳触り」以外にも，ふれられる対象物を指す名詞と「触り」が結びついている表現で，多くの人がさほど違和感なく使っている表現がいくつかある（以下，(1)〜(3)の例はすべてGoogleのネット検索による）．

（1） a. そういえばあの猫，毛触りいいよね．
　　 b. マイナスイオンも噂どおりによくて，サラサラした髪触りを楽しんでいます．（ヘアドライヤーの使用感についてのコメント）
　　 c. くせのない，さらさらとした湯触りは，どなたの肌にも合うでしょう．（温泉の泉質についてのコメント）

これらの表現は，「〈対象物〉＋触り」という形式によって，（身体部位によって）ふれられる対象物の感触を意味している．

そのほかに，触る際に用いる道具である「箸」と結びついた「箸触り」という表現が見つかる．この表現は，常用されるものではないにせよ，以下の文脈ではそう不自然には感じられない．

（2） 匂いは典型的油揚げ麺，箸触りも軟らかい，でも不思議と適度な歯ごたえと存在感がある．

このように，「〜触り」という複合語に関しては，「手触り」，「足触り」，「口触り」，「歯触り」，「舌触り」，「肌触り」という定着した具体事例から，「触り」と結びつく名詞に関して，「対象物に直接ふれる身体部位」というスキーマが抽出される．定着度や具体例の数などを考えると，このスキーマがプロトタイプとなっていると言っていいだろう．ほかに，「指触り」という表現も，このスキーマと照らして適切な文脈の中で用いられると，まったく問題なく容認される．

（3） この美容クリームの指触り，滑らかでいいわね．

また，上で見た「箸触り」という表現が作り出された背景には，すでに定着している「手触り」という表現の存在が大きい．箸は手にもつものであり，「対象物に直接ふれる（身体部位がもつ）道具」と考えれば，「手触り」との類似性が見出され，「箸触り」がこのカテゴリーに一時的にしろ組み込まれることは，そうおかしくはないだろう．

また，「毛触り」，「湯触り」，「畳触り」などの場合，「触り」と結びつく名詞に関して抽出されるスキーマは，「身体部位によってふれられる対象

物」である．この用法は，触る身体部位から触られる対象へと焦点が移った，プロトタイプからの拡張であると考えられる．しかし，口による「*飴触り」や手による「*生地触り」などが言えないように，このスキーマは生産的ではなく，いまのところ「毛触り」や「湯触り」といった具体例そのもののほうが定着度が高いと言える．

　また最近では，「この曲は耳触りがいい」などの表現にみられるように，対象物と直接接触しない身体部位である「耳」と「触り」が結びついて，「耳触り」という表現も広く使われるようになってきている．この表現は，「聞いていていやな感じがする」意の「耳障り」と音が同じであるため，「耳ざわりがいい」という表現は誤りであるとする人も中にはいるが，すでにいくつかの国語辞典（『大辞林』や『三省堂国語辞典』など）にも「聞いたときの感じ」という意味で記載されており，ある程度定着していることがうかがえる．注意すべきは，この場合，耳は身体部位ではあるけれども，手や足のように対象に直接ふれているわけでないことである．しかしここでは，〈知覚することはふれること〉（PERCEPTION IS TOUCHING）（Lakoff and Johnson 1980）というメタファーが働き，音を知覚した際の感じを，聴覚器官である耳が音にふれた際の感じとして表すように拡張したと考えられる．したがって，「耳触り」という表現は，定着しているスキーマ（「対象物に直接ふれる身体部位」）からのメタファー的な拡張として，位置づけられる．

　以上，「〜触り」という複合語の形態的ネットワークをまとめて図示すると，次ページの図5-1のようになる．

　次々に出現する「〜触り」という複合表現は，もとの用法から少しずつ意味をずらした結果，生まれている．スキーマどうしが関わりをもつことで，斬新な表現を生み出す可能性も出てくる．実際によく使われる表現から抽出されるスキーマを用いて，一時的にせよ容認可能な用法が生み出されたり，プロトタイプからの（メタファー的な）拡張によって作り出された表現が，多くの人に受け入れられ，用いられることで，まさに定着しつつあったりする．このように，言語の創造性を反映するカテゴリー化の動的な側面を見ることができる．

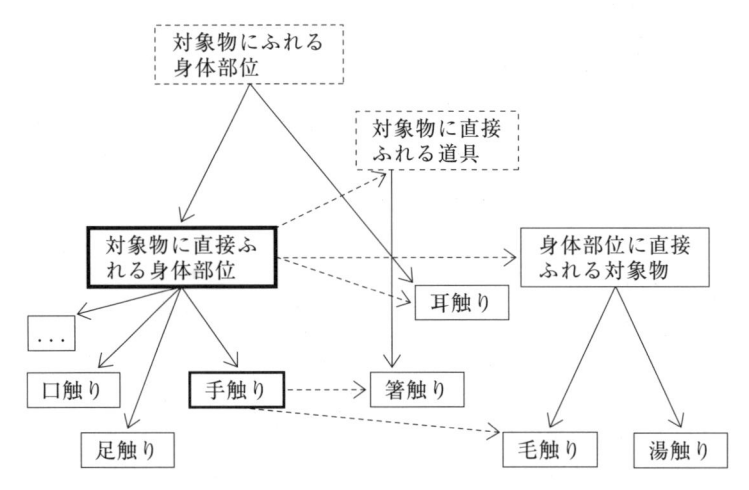

図5-1 複合語「〜触り」のネットワーク

5.2 生産的な語形成：混成語について

　次に，英語における語形成の現象と，そのカテゴリー拡張について見てみよう．ここで扱うのは「混成語」(blend) である．混成語とは，形態論の研究対象に入る現象であり，2つ以上の言語単位が組み合わさって，1つの言語単位を形成する語形成パターンを言う．この語形成過程は，もととなる2つ(以上)の語のうち，いずれかの語の形式をなるべく保持するような形をとることが多い．また，その形式に基づいた新しい事例が次々に生み出されていくこともある．以下では，ラテン語由来の'-erati'名詞表現の創造について見てみよう．

　この混成語のもととなった表現は，literati (「学者，文学者，知識階級」の意) であり，*OED* での初出が 1621 年と，近代英語期になって英語に借入された語である．この literati をもとに，glitter (きらびやかな輝き) と混成した結果である表現 glitterati (華やかな社交界の花形，金持ちの人，有名人) が，1940〜1950 年代より用いられるようになった．その意味は，名詞 glitter が喚起する上流階級のイメージ (きらびやかな宝石や金に基づくメトニミー，もしくは，まばゆい気品といったイメージからくるメタ

ファーによる）と，literati のもたらすある種の「特権階級」というイメージとが重なった結果のもの，ということになろう．

　この literati と glitterati は，英語の語彙としてかなりの定着度を示しているようだ．1990 年代の *London Times* と *Sunday Times* 紙（それぞれ *Times*, *ST* と略記）で -(e)rati で終わる語を調査したところ，literati および glitterati のトークン数が毎年 2 桁見つかった．ほかにも (4)–(7) にあげる表現が，トークン頻度は 1 桁と低いものの，散見される（Kemmer 2003, 88）．

(4) *Times / ST* 1990 年
　　 literati　　　43
　　 glitterati　　31
　　 chatterati　　1
　　 designerati　 1
　　 liberati　　　1
　　 numerati　　　1

(5) *Times / ST* 1995 年
　　 literati　　　43
　　 glitterati　　36
　　 Briterati　　 2
　　 digerati　　　2
　　 chatterati　　1
　　 culturati　　 1
　　 luncherati　　1
　　 operati　　　 1

(6) *Times / ST* 1996 年
　　 glitterati　　41
　　 literati　　　40
　　 culturati　　 3
　　 Britpoperati　2
　　 chatterati　　2
　　 flitterati　　1

(7) *Times / ST* 1997 年
　　 glitterati　　47
　　 literati　　　27
　　 chatterati　　2
　　 digiterati　　2
　　 soccerati　　 2
　　 digerati　　　1
　　 lefterati　　 1

　ここからわかることが，少なくとも 2 つある．まず 1 つは，literati とそれをもとにした glitterati とは，頻度のうえからも群を抜いて安定しており，定着度の高い表現だということである．そして 2 つ目のもっと重要なこととして，混成のパターンが少しずつ変化してきていることがわかる．

1990年の事例(4)の段階では, erが語根に含まれるラテン系由来の語が, literatiとの混成の相手として選ばれていた. このパターンは, glitteratiの混成パターンと同様である. つまり, 混成パターンに関わることのできる語は, erで終わる語に制限されていたことになる. 一方, 1995年のデータ(5)では, Briterati (イギリス(ポップアート界)の有力者), digerati (コンピュータに携わるエリート), luncherati (昼食をとりつつ相手とビジネスをする人々), chatterati (メディアでご意見番となるインテリたち)など, 語根が er に限定されないゲルマン由来の語が, 混成の相手候補となっている. この変化が生じた理由はおそらく, 英語話者が, それまでの事例に共通して見られた語尾連鎖 -erati を, 派生接辞として再分析したためと考えられる. 言い換えると, さまざまな類似の用法が新しく作られ, 用いられていく中で, 今まで存在しなかった新しい派生接辞が創発されたと見ることができる. その結果, 語根に er を含まない語との混成も可能となる.

　この考え方は, Fauconnier (1997)の提唱する「ブレンディング」(blending)を例証するものである. それぞれの基底語が, それぞれから意味やスキーマをもたらして混成語を作ることになるわけだが, それらが混成されるとこんどは, 結果としての混成語それ自体に特有の新しい意味や構造ができあがっていき, 新しい接辞の構造も取り出される.

　この -(er)ati 名詞カテゴリーが拡張していく様子は, 図 5–2 のようにまとめられる (Kemmer (2003, 90) Fig. 3 を簡略化). literati, glitterati はトークン頻度も高く, したがってそれ自体の定着度も高い. 最初はこの定着度の高い glitterati をプロトタイプとし, それに基づいて次々と造語が行われる. このパターンの造語が増えるたびに, [...er]+[-ati] というスキーマがしだいに定着度を増していく. スキーマの定着度が高くなると, 類似のパターンをさらにたやすく作り出せるようになるが, そこでスキーマの再分析が行われ, -er 語尾の語を基底語として求めるはずの制約がゆるめられ, 新たな表現の可能性が生まれてくることになる.

　接辞の創発という現象は日本語にも見られる. たとえば「〜チック(ティック)」という表現は, 新しい語を次々と作り出している. もともと

第 5 章 創造的カテゴリー

```
                    ┌─────────┐
                    │ literati │
         ┌──────────┤─────────├──────────┐
┌────┬────────┐     ├─────────┤       ┌──┴──┬────┐
│CVt │ erati  │─────│glitterati│       │…│er│ ati │
└────┴────────┘     ├─────────┤       └──┬──┴────┘
    │               │chatterati│          │
    │               ├─────────┤          │
    │               │numerati │          │
    ▼               ├─────────┤          ▼
┌────┬────────┐     │luncherati│      ┌───┬──────┐
│CVC │ erati  │─────├─────────┤       │…│ erati │
└────┴────────┘     │Britpoperati│     └───┴──────┘
                    └─────────┘
```

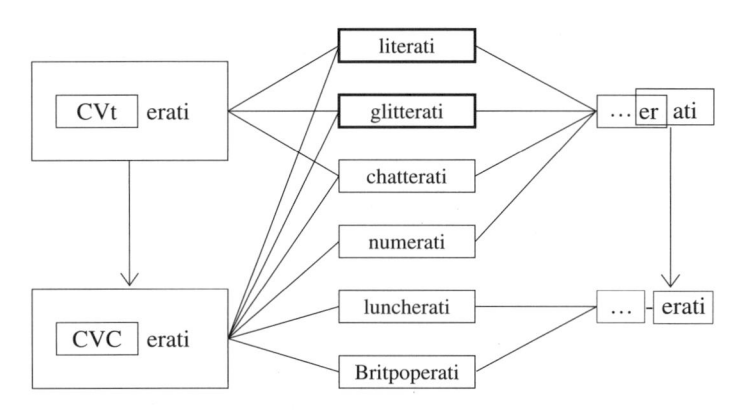

図 5–2 -(er)ati 名詞のネットワーク

dramatic, fantastic などの，英語からの「外来表現」における形容詞接辞 -ic（古くは -ique）を，日本語のモーラ体系に即して異なる分析をしたものと考えられる．この表現を名詞につけることで「～のような，～の様子を漂わせた」といった形容詞的意味を表すことになる．

(8) a. ドラマチック，ファンタスティック
    b. 乙女チック，漫画チック
    c. アニメチック，おさるチック，カオスチック，小僧チック，間抜けチック
(9) a. 秋チックな色合いの裏なしスカート
    b. 学生チックな服装
    c. 温度が低いので，湯気も上がらない．が，ボコボコと泡が上がってくるのを見ていると「温泉チック」な気分になってきた．

もととなる英語の表現を日本語にすると，「ドラマ(チック)」「ファンタス(ティック)」と，3 ないしは 4 モーラになるが，前者のほうが，意味のある基底語(ドラマ)を抽出する形で異分析しやすい．このため，比較的定着している感のある「乙女チック」や「漫画チック」などは，いずれもこの 3 モーラである．しかし，現在ではそれに限定されることなく，多様な表

現が使われている．チックは外来語からきた造語接辞として，若者を中心に定着しているかのようであり，言語接触によって生み出されたスキーマの力が発揮された例だと考えられる．

このように，日常生活の中でおもしろおかしく使われる表現で生産性の高いものは，たくさん見つけることができ，その拡張の仕方も，スキーマと定着との相互作用でかなり興味深く説明できる．定着度の高い表現がプロトタイプとなって，最初はその表現に忠実な新規表現が，そしてしだいにそこから大胆にずらした表現が生じてくるのである．

5.3 パロディ的拡張表現

慣用表現は一般に，固定化されたイディオム的表現と考えられがちである．固定化されていれば，表現の自由度も低く，およそ言語の創造的側面とは対極に位置するとされるのが普通であろう．しかしコーパス言語学の領域では，コロケーションをコンコーダンス（特定の語や表現の使われ方に関する一覧索引）にして精密に調査することで，いわゆる定型表現やイディオム・パターンなどの慣用フレーズが，実はテキストのかなりの部分を占めている可能性が示されている (Sinclair 1991; 赤野 2004)．このことから，統語構造は語を単純に「積木」(building block) として組み立てた結果というよりも，かなりの割合で，すでに記憶に蓄積されている定型表現をそのままの形で再利用しているのではないか，とする提言もある．こういった考え方は，かつてなんらかの形で遭遇した具体的用法が，その頻度により定着度が高まった結果アクセスしやすくなる，という用法基盤モデルの考え方と，親和性をもつものである．

また，定着度が高いということと，その表現が固まって「氷結」(frozen) していることとは，別物である．慣用表現にもさまざまなレベルがあり，場合によってはさらなる拡張を生み出す源となりうる．たとえば (10) は，もともとピジン英語とされる表現 long time no see をもじった実例を採取したものである．

(10) a. Long time no talk.
　　　b. Ah long time no bondage.　　　　　　　　　　(BNC)

c.　Long time no hair.　　　　　　　　　　　　　（BNC）
　　　d.　Long time no write.　　（以下 Google にてネット検索）
　　　e.　Long time no speak.
　　　f.　Long time no pray.
　　　g.　Long time no Blog. (It has been a while since I last blogged.)

　これらの表現が興味深いのは，もとの表現を一部分だけ修正して成立していることに加えて，もとの表現がなければ該当表現の十分な理解が難しいことである．単なる固定化したイディオムとして処理されがちな表現であっても，さらなる拡張は十分に起こりうる．もととなる表現がしっかり定着し浸透しているからこそ，これだけの類似の表現が理解可能になるのである．

　句より大きな単位をなす統語構造においても，このパロディは起こりうる．Barlow (2000) は "make hay (while the sun shines)" (原義：日の照っているうちに草を干せ) ということわざ表現を対象に，コーパスに基づく実例研究を行っている．これは「好機を逃さない，できるときにしておく」という意味で用いられたことわざだが，コーパス資料を確認すると，この表現自体が部分的に応用・拡張されて用いられており，ヴァリエーションに富むものとなっている．

（11）　a.　"*Make hay* while the sun shines" was the message going out from Merrill Lynch ...（*Times* and *Sunday Times* 1997）
　　　b.　... Gary Lineker, the former Tottenham and England striker lately *making hay* while the sun shone with Grampus 8 in Japan.　　　　　（*Times* and *Sunday Times* 1995）
　　　c.　Republicans strained in their attempts to *make* political *hay* while Democrats were obsessive in their defensive blocking.
　　　　　　　　　　　　　　　　　　　（*New York Times* 1995）
　　　d.　In the meantime, the banks continue to *make hay*.
　　　　　　　　　　　　　　　　（*Times* and *Sunday Times* 1997）
　　　e.　During his life, they *made hay*.（Barlow 2000, 335–340）

（11a）は，ことわざをそのまま引用として用いた典型的な例であり，具体

的な場面に応じた修飾や表現の改変が行われている例が (11b–e) である．このような表現のヴァリエーションが可能だということは，このことわざ表現にかなり分析性が残っているということになる．(11b) では，もとの表現を過去形 shone に改変することで，「好機がすでに過去のものである」ことを表しているし，(11c) では，「好機」のたとえとしての干し草 (hay) に修飾語句を加えることで内容を詳細化している．(11d) ではことわざの一部しか用いていないし，(11e) では while 節表現が別の表現に改変されている．

(12) make hay の分析性：
VP[make [hay] ADJUNCT[while [the sun [shines]]]]
　　　　　↑　　　　　↑　　　　　↑
　　　　(11e)　　　(11c)　　　(11b)

このように，既存の表現パターンを鋳型とし，それに場面に即した変化を与えて新しい表現を作っていくプロセスには，統語的なブレンディングが関わっている．従来の「積木」式の分析では，イディオムは全体で 1 つの意味をもつ単一の「積木」として扱われてきた．しかしここで見るように，"make hay" イディオムは完全に「氷結」しているわけではない．たしかに全体でチャンクとして定着している表現であるが，同時にその分析性は具体的場面において揺らいでいる．文脈を離れた用法の場合，分析性はほぼなくなり，固定表現そのままで用いられることがほとんどであるが，具体的な場面における使用例では分析性が頭をもたげてきている．

　同じように分析性が揺らいでいる慣用表現の拡張例として，日本語の例を見てみよう．

(13) また明日この時間にお耳にかかります．

これは，慣用表現「お目にかかる」の創造的な用法である．「お目にかかる」自体は固定化されたイディオム表現であり，「目」をほかの身体部位に変えることはまず許されないため，分析性が低い表現となるはずである．しかし (13) は，ラジオ放送番組終了時という具体的場面で発話された実例である．この場面ではリスナーと DJ は音声だけでつながっており，

視覚的情報はなく，DJ の顔すらもリスナーにはわからない．このように，視覚ではなく聴覚が頼りというメディアを通しての場面であるという認識に基づき，「目」から「耳」への，知覚領域における転用が行われたのであろう．これ以外の場面では容認しがたい（と思われる）表現が，この特定の場面で創造的に用いられたことは注目すべきである．もしその後，同じ表現を何度か耳にすることがあったとすれば，この表現は場面限定つきで市民権を得つつあると言える．

このように，語レベル，句レベル，そして文レベルにおいても，耳慣れない新しい表現が日々生み出されている．その多くは定着せず，その場かぎりで消えていく臨時的用法であるのも事実である．しかし，なぜこれほどまでに人間は新しい表現を作り出すのか，またそれらがまったく自由な新規表現ではなく，ことわざのように下敷きとなる表現をもっているケースが多々あるのはなぜなのか，その事実に対する説明はいずれ必要となろう．この現実は，私たちの言語表現が，かつて耳にしたり経験したりした表現に基づいた，パロディとも言うべき側面をもっている可能性を示唆している．用法基盤モデルでは，実際の場面に即した用法から話者がスキーマを抽出し，それをもとに少しずつアレンジしていくと考えている．過去に記憶した用例のうち，今話そうとしている表現内容に最も類似した用例を取り出し，現在の状況に対応させて，表現を入れ替えたりつなぎ変えたりして，新しい表現を創造する．このような見方をとることで，日常言語の動的な変化の一端と，創造性の一面をうかがうことができるのである．

またもう 1 つ重要なことは，自由な新しい表現を臨時的に作り出すとはいえ，まったく完全に自由ではないという点である．新しい表現が，純粋に言語規則・文法に基づいてトップダウン式に作り出されるとすれば，その可能性は理屈上無限にあるはずで，もっと自由に表現を入れ替えた多様な表現が見られてもよいはずである．しかし，その言語文化圏で発せられ理解される表現は，実際には限定されており，可能な候補の一部のみに偏っている．先に見た "make hay" 表現も，文法規則によれば make もしくは hay の部分を他の表現に変えることも十分に可能だが，現実には〈make hay〉がセットで基本的な部分とみなされ，それ以上分析すること

はできない.「お目に / お耳にかかる」はあっても「お口 / お鼻 / お手にかかる」とは言わない. 可能な表現と不可能な表現の境い目を判断するのは, 特に母語話者でない場合には難しいとさえ思われる(第7章7.8節も参照).

　以上のことから考えると, 私たちの文法知識は, 単に抽象的な文法規則を知っているということだけで片づけられるものではない. 実際の表現に数多く接し, それらを「貯蔵」するという作業も必ず含まれるのであり, そのプロセスを通じてスキーマを抽出し, 典型例からの拡張という創造的な行為を行うと考えられる. そのようなボトムアップ式の立場であれば, 部分的に具体的な語彙項目を含む構文表現のカテゴリーを, あますところなく適切に捉えることが可能になるのである.

5.4　ま　と　め

　以上, 語, 句, 文の, 異なる統語レベルにおける表現が, 新たなスキーマを形成して, 次々に創造的に拡張している事例を観察してきた. 具体例に基づいて抽象的なスキーマを取り出し, さらに新しい表現へと応用適用するというサイクルの中では, 抽象的な知識と具体的な知識とが並列して存在することになる.

　ただし, ここで見た事例はいずれも「定型表現」的なイディオムをもとにしており, 文法の中核をなす表現を扱っているわけではないという批判も予想される. イディオムだからこそ具体的な表現を貯蔵する必要が出てくるわけで, 十分に自由な生産性を見せる SVO 構文などに関しては, 適用できないと考える向きもあるかもしれない.

　しかし, 言語獲得の分野での研究結果を見ると, まさにその中核をなす表現形式も, この周辺的な事例と同様, 用法基盤モデルでも扱え, 説明できるとする論考が得られつつある. 具体例に接することから, それらの表現に共通するスキーマを抽出し, 結果として規則性の高い文法知識が得られるという考え方である(詳しくは第7章で述べる). この考えが正しければ, 言語知識の「中核」も「周辺」もどちらも同様に, スキーマ抽出とネットワーク化, 定着などのメカニズムを中心として表示できることにな

る．周辺的事例だからといって，特別視，例外扱いをする理由はなくなってくるのである．

第 6 章　変容するカテゴリー：
　　　　　通時的観点から

　言語は歴史を通じて変化する．現在ある言語の姿が，突然形成されたはずはない．あらゆる言語は歴史的に形成された結果としての産物であり，必ずその姿の背後に歴史性が織り込まれている．変化は言語集団の中で突然いっせいに起こるのではなく，その集団の一部の話者から始まり，しだいに広がっていくのが普通である．この考え方に基づけば，形態変化や文法変化も，一部の語彙や構文から始まり，しだいに一般化され，広範な現象へと推移していくものということになる．

　本章では，英語の way 構文，二重目的語構文，have 構文という 3 つの構文カテゴリーに加えて，疑似法助動詞と呼ばれる語彙カテゴリーを取り上げ，それぞれの歴史的変遷を追い，構文カテゴリーが発展・変容して現在に至る軌跡を，用法基盤モデルの観点から概観する．

6.1　発達する構文カテゴリー：way 構文

　歴史的な構文研究に用法基盤モデルの考え方を応用した研究として，Israel (1996) による way 構文の発達についての考察がある．way 構文は [SUBJ$_i$ V [POSS$_i$ way] PP] というスキーマで規定される形式をもち，構文全体の意味としては移動事態を表す．必ず所有表現 (one's) と共起した "way" という特定の具体的な語彙項目が用いられ，さらにはそれに続く補部で移動経路を表すことになる．

　way 構文の多くは (1) にあるように，「動詞の動作を行うことを手段として，移動を行う」という意味を表すが，中には，割合としては少ないも

のの，(2) のように「動詞の動作を様態として移動を行う」という意味のものも存在する（Goldberg 1995; 例文は同書 (199–213) より）．

(1) a. Frank dug his way out of the prison.
    b. Sally drank her way through a case of vodka.
    c. ... glaciers ... repeatedly nudged their way between England and Wales.
(2) a. She knitted her way across the Atlantic.
    b. He seemed to be whistling his way along.

この構文は，いろいろな点で特異性をもつ．まず，この構文に用いられる動詞は多くが自動詞であり，one's way という表現を通常目的語にとらないはずなのに，一様に one's way という表現がその目的語位置に生じていること，また，動詞や前置詞句表現で移動が意味されていなくても，構文全体としては移動の意味が生じること，などがその特異性の例である．

この構文が歴史的にどのような使われ方をしてきたのかを探るために，Israel (1996) は *OED* および COBUILD コーパスを用いて，1300 年代以降 100 年ごとに区切ってその実例調査を行った．その結果，当初はごくかぎられた種類の動詞で用いられていた way 構文が，年代を追うごとに多種多様の動詞で用いられるようになっていく姿が浮き彫りになった．

まず，この構文は移動の様態を表すグループと，移動の手段を表すグループに分けられ，前者の歴史のほうが古い．移動およびその様態を表す動詞が way 構文としてどのくらいの頻度で用いられているかをまとめたのが，次ページの表 6–1 である（Kemmer 1995）．

1300 年代では，go に類する意味をもつ一般的な移動動詞が用いられており，1700 年までタイプ頻度も 16 種類ほどにかぎられていた．しかしそれ以降，純粋に移動のみを表す動詞に加え，(3c) に見られるように，移動の際の様態や移動の経路をその意味の中に組み込んでいる動詞も，この構文に生じるようになってくる (Israel 1996, 222)．

表 6–1 様態を表す way 構文の変遷

年代	動詞の意味グループ	way 構文に生起した動詞	頻度比 [タイプ]/(トークン)
1300s	(所有)+移動	take (7), go (6), choose, get, 他 (stretch)	[4]/(15)
1400s	(所有)+移動	go (9), take (3), turn (4), pass (3), fly, go wend	[6]/(21)
1500s	(所有)+移動	go (3), take (2), run (2), continue, ride, glide	[6]/(10)
1600s	(所有)+移動	take (11), go (7), 他 [10] (take up, bend, pursue, hold, hold on, keep, choose, continue, ride, wing)	[12]/(28)
1700s	(所有)+移動	take (6), pursue (2), bend (2), 他 [3] (hold, keep, continue)	[6]/(13)
	移動+様態	wing (2), speed (1), sweep (1)	[3]/(4)
1800s	(所有)+移動	go (5), take (4), hold (3), continue (2), 他 [6] (walk, pursue, resume, hie, steer, shift)	[10]/(20)
	移動+様態	wend (12), thread (8), wind (5), snake (2), 他 [7] (worm, slither, zigzag, serpentine, writhe, corkscrew, riddle)	[11]/(34)
	その他の様態	wing (2), plod, speed, 他 [23] (stroll, rush, scramble, ooze, slime, splash, squeeze, cascade, totter, oar, fin, climb and reckon, flash, fumble ...)	[26]/(27)

(3) a. From Samos have I wing'd my way. (1667 年)
  b. He windes his oblique way amongst innumerable Stars. (1667 年)
  c. The moving legions speed their headlong way. (1715–20 年)

さらに 1800 年代になると,移動の際に困難を伴う意味を表す動詞群が,

1830年代には，移動そのものではなく，移動動作に付随する音を表す動詞なども，この構文で使われるようになってきている．

（4） a. 困難を伴う例：Gallantly fighting his way through every subaltern degree of his profession.（1817年）
b. 付随する音を表す例：The muffin boy rings his way down the little street much more slowly than he is wont to do.（1836–37年）

一方，移動の手段を表すway構文も同様に，その動詞のタイプ頻度を増やしていっている．こちらの用法は16世紀末に始まったもので，当初は道路の敷設にまつわる表現が主であり，しだいにfightなどに代表される，力ずくの手段に訴えて道を造るという表現グループが，そしてさらには必ずしも力ずくとはかぎらない手段で移動する事例が，現れてくる（次ページの表6–2; Kemmer 1995）．

また，手段と様態という2つのグループのどちらとも分類しがたい表現として，移動に偶然付随している行為を表す事例が，1800年代後半に登場している．この事例は，2つのグループの共通性をスキーマという形で取り出した事例と言えるかもしれない．実際，（6）に見るような20世紀の事例では，この種の事例がもっと頻繁に見られる．

（5） a. He whistled his way to the main front-door.（1866年）
b. He ahs and ers, and hums and hawes his way through an incredibly fatuous pronouncement.（1931年）

(Israel 1996, 225)

（6） a. The girls from smalltown America giggled their way around Harrods . . .
b. The two drink, smoke, snort and curse their way through the show . . .
c. She has bopped, and bubble-gummed her way to fame on such jingles . . . （COBUILDコーパスの事例）

ここで，それぞれ独自の発達をとげてきたway構文の下位構文である，様

表 6-2　手段を表す way 構文の変遷

年代	動詞の意味グループ	way 構文に生起した動詞	頻度比 [タイプ]/(トークン)
1400s	創造	make (1)	[1]/(1)
1500s	(経路の)創造	make (2), cut out (2), smooth (1), throw (1)	[4]/(6)
1600s	(経路の)創造	make (14), smooth (3), cut (2), 他 [5] (pave, trace out, chalk out, shave out, hew out)	[8]/(24)
1600s	その他の手段	work (2), force (1), 他 [3] (eat, corrode, fire)	[5]/(6)
1700s	(経路の)創造	make (13), cut (2), 他 [5] (dig, retrace, bore, furrow, erode)	[7]/(20)
1700s	(力による)手段	force (6), fight (1), battle (1), work (1), work out (1), win (1)	[6]/(11)
1800s	(経路の)創造	make (73), cut (7), carve (1), plough (1), tunnel (1), furrow (1)	[6]/(84)
1800s	力による手段	work (16), force (11), fight (7), push (8), beat (3), shoulder (2), 他 [16] (cutlass, elbow, grind, buffet, break, gride, wrought, struggle, bruise, urge, labor, crash, tear, rift, drive, worry)	[22]/(63)
1800s	その他の手段一般	win (3), eat (3), beg (3), soak (2)	[4]/(11)

態グループと手段グループとが1つとなり，新しい大きな way 構文カテゴリーが作り出されたということになる．

この way 構文の通時的研究を通じて示されたこととして，少なくとも2つの点があげられる．1つは，タイプ頻度が生産性に貢献することの再確認ができたことである．初期の頃には16種類程度しか用いられなかっ

た動詞が，歴史を下るにつれて参与可能な動詞の種類，つまりタイプ頻度を上げてきたことが実証された．また，タイプ頻度は高いものの，1つ1つの動詞のトークン頻度は全般に低いことも注目に値する．かろうじて make などが比較的高いトークン頻度を保ってはいるものの，全般的に見て創造的な，場合によってはその場かぎりの拡張使用が大部分可能であることが明らかになった．

　もう1つは，新しい構文スキーマが，既存のスキーマにおける大変具体的な事例をもとに発現し，独自の発展をとげる歴史が明らかになったことである．出発点が具体事例であるということは，まさに用法基盤モデルが主張してきたことである．そして，さまざまな動詞の可能性が増えてくるプロセスにおいても，この具体事例が重要な役割を果たす．構文に適用可能な動詞が増えるとはいっても，すべての意味領域にまんべんなく適用されるわけではなく，いくつかの動詞群に偏った形で適用されている．たとえば，困難を伴う移動を表す動詞群の一例が用いられると，それとの類似性に基づいて新たな動詞が応用適用されていく．表 6–1 で見てみると，1700 年代に移動様態を表す動詞が出現したことを受けて，1800 年代ではこの意味の動詞群が爆発的に増加している．このように，もととなる表現が存在し，それに類似するような形で新規表現が少しずつ用いられるようになるのである．

　抽象度の高い文法規則がアプリオリに存在すると仮定する理論であれば，なぜ way 構文において，多様な動詞をまんべんなく用いることができないのか，その説明が必要になってくる．規則は適用力が大きすぎる傾向があるため，実際には用いられることのない表現ですら産出してしまう危険性をはらんでいる．しかし用法基盤モデルでは，経験する具体例に基づいて，その一般化を行う形で規則に代わるスキーマを導き出し，それとの相対性に基づいて新しい表現を認可していく，としている．つまり，規則は初めから与えられているものではなく，経験から作り出されたものである．この考え方のもとでは，今まで見てきたような way 構文の生産性の高さも，また用いられる動詞の偏りも，同時に自然な形で説明可能となる．

6.2 衰退をはらむ構文カテゴリー：二重目的語構文

歴史的に発達をとげて拡大してきた構文ばかりではない．時代とともに衰退する側面をもつ構文もある．この節では後者の例として，二重目的語構文を見る．二重目的語構文とは，英語の統語形式の中では例外的に，目的語を同時に2つとる構文で，次の事例に代表される．

(7) a. Joe gave Mary a present.
　　b. Bob told Mary a story.
　　c. The medicine brought him relief.

この構文に用いられる動詞はさまざまであるが，動詞に応じて，構文全体の表す意味が少しずつずれていることがわかる．(8)では，この構文が表す意味を大きく5つにグループ分けしている(詳しくは Goldberg (1995) 参照のこと)．

(8) a. John gave / threw / brought Mary a present.
　　　　(X successfully CAUSES Y to RECEIVE Z)
　　b. John promised Mary a present.
　　　　(条件が整えば，X CAUSES Y to RECEIVE Z が成立)
　　c. John refused / denied Mary a raise.
　　　　(X CAUSES Y NOT to RECEIVE Z)
　　d. John left / reserved Mary all his property.
　　　　(X CAUSES Y to RECEIVE Z at some future point in time)
　　e. John permitted / allowed Mary an apple.
　　　　(X ENABLES Y to RECEIVE Z)
　　f. John baked Mary a cake.
　　　　(X intends to CAUSE Y to RECEIVE Z)

(8a)は，間接目的語Yが直接目的語Zを受け取るという状況を，Xが確実に成立させている，という意味が得られるグループである．次に(8b)の意味グループは，条件つきで移送が成立するグループである．たとえばメアリーがプレゼントを確実に受け取るためには，主語ジョンが約束を遂

行しなければならないという条件が付随している．この条件さえクリアされたならば，プレゼントの受け取りが保証されるという，条件つきの移送を表している．(8c) は，X から Y への移送の存在を否定する意味を表すグループであり，(8d) は，移送が将来の時点で成立する意味グループである．(8e) は，移送そのものを可能にするグループ，(8f) は，移送が Y へ向けて意図的に行われる事態を表すグループである．このように，二重目的語構文カテゴリーは，複数の意味グループから成り立っているのである．

ここで，動詞の意味がそれぞれ異なるから構文全体の意味も異なってきているのではないか，と思われるかもしれない．しかし，動詞の意味だけで構文全体の意味を得ることは，必ずしもできない．たとえば，promise, allow, bake という動詞自体に，ものの移動という意味は必ずしも含まれない．

（9） a. Mary promised to help you.
　　　b. Bill allowed John to be here.
　　　c. John baked a cake.

もの（直接目的語 Z で表される）の移送という意味は，この構文形で用いられたときに初めて生じるものであり，動詞の意味に還元できるものではない．したがって，この構文形式自体のもつ意味として分析することができる (Goldberg 1995)．つまり，この構文スキーマ自体が，意味と形式のペアによる記号であると考えることができる．

この二重目的語構文は，(8) で見た意味の中でも特に (8a) の [X CAUSES Y to RECEIVE Z]（主語 X が，直接目的語 Z を，間接目的語 Y へ向けて移送し，間接目的語 Y がそれを受け取る）という意味を中心としたプロトタイプ・カテゴリーをなすと考えられている (Goldberg 1995)．この意味が中心である根拠として，主に次の3点があげられる．

（ i ） この意味で用いられる動詞のタイプ頻度が，最も高いこと．
　　　例：授与を表す動詞群：give, pass, hand, sell, trade, lend, serve, feed, . . .

　　　　　弾道的な移動を表す動詞群：throw, toss, flip, . . .
　　　　　移送の意味を表す動詞群：send, mail, ship, . . .
（ii）　新規に作られた動詞もこの意味に合致する形で用いられること
　　　　例：Chris {e-mailed / radioed / faxed / Xeroxed} her a letter.
（iii）　架空の動詞を作り上げて実験しても，二重目的語構文として解釈できること．
　　　　例：She topamased him something.（架空の動詞 "topamase" を母語話者は "give" に類する意味と解釈する．）
　　　　　　　　　　　　　　　　　　　　（Goldberg 1995, 35–36）

　先に見たように，タイプ頻度が高いと生産性効果が高まる（⇒ 第4章4.4節）．二重目的語構文では (i) にあげたモノの移動に関わる意味グループが最もタイプ頻度が高いので，この意味グループに属すれば新しい動詞であってもこの構文に適用できるという，生産性効果をもたらすことになる．その結果，(ii) のように歴史的に最近になって造語された動詞や，(iii) のように架空の動詞であっても，この構文表現が成立しやすくなる．このように，二重目的語構文は (i) のタイプ頻度の高さに支えられた (8a) のスキーマを中心として，現在も拡張を続けている構文カテゴリーだと言える．
　しかし，この構文形式で用いられる動詞の中にも，(8) にあげた構文の意味とは合致しないと思われる述語タイプがある．それが forgive, envy である（Goldberg 1995, 132）．

（10）　a.　He forgave her her sins.（彼は彼女の罪を許した）
　　　　b.　He envied the prince his fortune.（彼は王子の幸運を妬んだ）

　これらの動詞そのものも，この動詞を用いた構文全体も，モノが移動したという意味は表さないし，(8a–f) のどの意味グループにもあてはまらない．また，間接目的語にあたるものが何かを受け取ったという意味もない．なぜ forgive, envy などの動詞がこの構文に用いられうるのか，不思議に思われる．
　しかし，これらの動詞がたどった意味の歴史を見れば，この疑問も氷解

する．動詞 forgive と envy は，歴史的にはもともと give と非常に近い，もしくは関連する意味をもっていたのである（*OED* より）．

(11) a. forgive: to give, grant［現在では廃語］
b. envy: to grudge, give grudgingly（妬みつつ／渋々与える），to refuse to give (a thing) to (a person)（与えるのを拒否する）［現在では廃語］

give にまつわる意味を表していた時代には，これらの動詞はなんの違和感もなくこの構文に用いられていたのだろう．しかし時代が下るにしたがい，その意味も変化し，しだいに構文と合致しなくなったと考えられる．実際，forgive や envy と共起する直接目的語はある程度固定化されており，どんなものでも自由に許されるわけではない（(12), (13) とも Goldberg (1995, 132) より）．

(12) a. She forgave him his sins.
b. ?*She forgave him his goof.（彼のヘマを許した）
(13) a. She envied him his vast fortune.（莫大な財産をうらやんだ）
b. ?*She envied him his extensive stock portfolio.（長々と続く有価証券一覧表をうらやんだ）

ヘマ（goof），有価証券一覧表（portfolio）は現代的な表現であり，二重目的語構文形式とはあまりしっくりとはなじまないようである．また (12a), (13a) の文ですら，最近の 20 歳代前後の若者たちは違和感を覚えるようになってきているとする報告もある（Goldberg 1995, 132）．つまり，もともと中心的なカテゴリーの成員であったはずの動詞 forgive や envy は，その意味変化にともない，中心的な動詞グループから離脱した．それでも保守化効果により，ある特定の語（sin や fortune）との組み合わせでかろうじて二重目的語構文のカテゴリーの成員として生き残っている．しかしその地位も，現代の若者層にはしだいに支持されなくなっており，いずれは二重目的語構文カテゴリーから脱落することも予想される．

以上，構文カテゴリーの一部が衰退したと思われる例を見た．言語は昔

も今も，常になんらかの形で変化していくものであり，意味の変化とともに用いられなくなって，廃れていく用法もあることになる．構文カテゴリーの発達や拡張だけでなく，部分的な衰退も含めたダイナミックな変化を，細やかにかつ適切に捉えるためには，言語内の性質や規則性のみならず，言語外的要因も考慮に入れる必要がある．ここで見たように，頻度効果の観点から構文の盛衰をたどることが可能なのである．

6.3 拡張する構文カテゴリー：have 構文と（原形）不定詞補部の発達

3つ目の例として，英語の have 構文を取り上げる．これまで概観してきた類推作用，頻度効果，スキーマ抽出などの概念が，have 構文における補部構造発達の説明に貢献することを見ていきたい．

英語において原形不定詞をとる構文は，かぎられている．いわゆる使役動詞としての make, have, let と，知覚動詞とされる see, hear, feel などが原形不定詞補部をとりうる．互いに類似する形式を補部にとるこれらの構文の間には，類推に基づく形式の伝播が見られる．早瀬 (2002) では特に，have が原形不定詞をとるようになった過程を，他の構文との関連において追っている．

原形不定詞は知覚動詞の補部として早くから用いられており，使役動詞との共起はそれより後に発生している．その中でも have はいちばん遅れて用いられるようになったが，その要因として，先に確立していた知覚動詞構文の影響が考えられる．

have は「手にもつ，つかむ」という具体性の高い原義をもとに，ものごとを「経験する」という，抽象化した意味を表すようになった（OED の項参照）．この意味は，see, hear, feel に代表される知覚・感覚動詞とよく似た性質をもっている．一般に知覚・感覚という現象は，2方向性をもつ事態と捉えられることが多い (Croft 1993, etc.)．嬉しいとか喜ばしいなどといった感情は，普通なにかモノや出来事について抱くが，見方によってはそのモノや出来事が刺激を与え，その結果，その対象にある特定の感情をもつに至るという捉え方も成立する．つまり，モノを知覚したり

ある感情を経験したりすることは，その対象となるモノがまず存在しなければ起こりえないものである．このことは次のように簡略化して示すことができる（Croft 1993, 63）．

```
   Experiencer                          Stimulus
    *  ------ 直接注意を払う (1) ------> *
    * <----- 精神変化を引き起こす (2) ------ *
```

図 6–1　感覚・知覚の 2 方向性

see, hear, feel といった知覚動詞は，どれもこの 2 方向性を前提にした事態を表す．そして，これらの動詞は古英語の時代から，原形不定詞をとる構文形に生起しており，初期中英語期にはかなりの定着度を見せていた事実が確かめられている．たとえば，動詞 behold, find, see は古英語の時代から，そして feel, hear も初期中英語期には，この構文形で用いられるようになってきている．

表 6–3　動詞 have の意味とその他の動詞が不定詞をとる初出年代

	OE	ME				ModE			
	11c.	12c.	13c.	14c.	15c.	16c.	17c.	18c.	19c.
動詞 have の意味	"grasp" (880c) .... "experience" (1000a)								
〈V＋O＋原形不定詞〉形式に生起した知覚動詞	*behold*: OE .... *find*: OE .... *see*: OE .... 　　　　*feel*: Early ME .... 　　　　*hear*: Early ME .... 　　　　　　***have***: 1385								

動詞 have の〈経験する〉という意味も，この 2 方向性をもつという点では知覚動詞と共通している．具体的な感覚器官を明示しての知覚ではないけれども，知覚事態と同様に，経験の対象となるモノや事態がまず存在し，その存在に対して自分の反応を下すという点では，類似している．こ

の意味で，have は広い意味での知覚動詞カテゴリーに組み込まれうることになる．

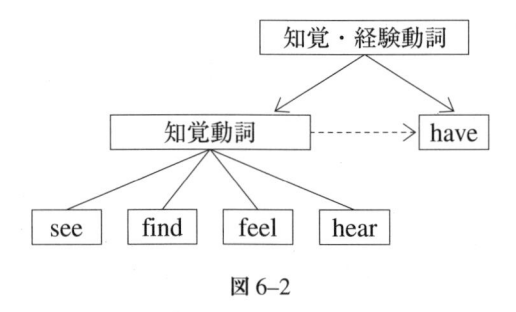

```
            知覚・経験動詞
           ↙          ↘
        知覚動詞 ------→ have
      ↙   ↓   ↓   ↘
    see  find feel  hear
```

図 6–2

　第1章1.4.2節および第3章3.2節で見たように，カテゴリーの拡張は，類似性に基づく拡張と共通性に基づくスキーマ抽出との，2本立てを基軸として進んでいく．このモデルに基づいて，構文カテゴリーの成立と獲得を通時的に考えてみた場合，1つの主張が浮かび上がってくる．すなわち，構文の成立には，ある程度の数の基本的中核をなす動詞がそのメンバーとして必要であり，そこから構文という骨組みが抽出されるという主張である．たとえば，いわゆる二重目的語構文という表現形式には多種多様な意味が見られるものの，ある共通性を(1つではないにしても)取り出すことが可能である (cf. Goldberg 1995, etc.)．この場合，最初から構文形という鋳型がアプリオリに存在していたとは想定しがたい．初めに give や send など，比較的その中心的意味を担うと考えられる動詞がその形式で用いられ，それがある程度定着したときに初めて，それら中心的動詞のパターンから共通性としてのスキーマ(この場合は構文形という鋳型)を抽出することが可能となり，さらにさまざまな動詞へと適用されるようになる，と考えるのが妥当である．つまり，構文の「立ち上げ期」においては，個々の動詞レベルにおける定着度に基づいたスキーマ抽出が先行し，その後で類似性に基づく拡張が出番を迎えると想定できる．

　この考え方は，have 構文の発展にもあてはまる．動詞 have に，「経験」という，知覚動詞のカテゴリーに十分含まれうる意味が確立して後に，原形不定詞をとる知覚動詞構文との類推が可能となり，この構文形の

適用が始まったと考えられる．haveの「経験」用法は，すでに1000年頃には見られるが，この時点では逆に，先行する知覚動詞のほうが（特にsee以外は）まだ不定詞をとる補文形を確立していない時代でもある．haveが経験の意味を獲得したあたりでは，知覚構文の萌芽は見られるものの，まだその構成員としての動詞はseeのみであるので，構文としてはまだ確立していないと言えよう．中英語初期あたりになって，feelやhearなど典型的な五感を表す動詞もこの形式に参与することとなり，いわゆる知覚を表す動詞がほぼ出そろったことになるが，ここに至ってようやくこの形式が「構文」として確立したと考えられる．

　さて，このパターンが，ある程度の数の動詞に関して適用できる「構文形式」として確立したとき，他の動詞へと拡張する素地ができあがったことになる．haveは知覚動詞に類する意味をもつが，いわゆる知覚動詞ではない．図6–2でも表示したが，あくまでも知覚動詞全般からの類推に基づく，拡張の意味でしかない．そのため，最初からこの構文抽出に貢献することはないが，構文として確立した後，動詞の意味および形式などの部分的類似性に基づく類推が働き，原形不定詞をとることが可能になったと考えられる．

　1つ興味深い事例として，通常は知覚動詞とはみなされない動詞knowが原形不定詞をとる場合があるという事実を見てみよう．

(14) a. Did you ever *know* her *wear* a T-shirt and jeans?（彼女のTシャツにジーンズ姿を見かけたことがありますか？）
 (*COBUILD* E-dict)
 b. I've never *known* him *sing* so beautifully before.（あんなに美しい声で歌うのを見聞きしたことがない）
 (中右 1980, 143)
(15) a. I've never *known* her *to tell* lies.（彼女が嘘をつくなんて知らなかった） (*ibid.*)
 b. Have you ever *known* him *to be* car sick?（彼が車酔いするって知ってた？）

(14a, b)での knowは「知っている」というよりも，むしろ「見たり聞

いたりして知覚・経験する」という意味で使われている．(15)では to 不定詞が用いられているが，この場合は「嘘をつく」「車酔いする」という事態を観念として想定したか否かを問題にしており，直接知覚したかどうかは焦点でないことがわかる．つまり，「知覚に基づいて経験する」という意味が強く出てくる場合にのみ，原形不定詞をとる構文に生起しているということになる．この事実はまさに，「動詞の意味が，その構文の中心群の意味と合致するよう変化すれば，構文適用が起こる」(Goldberg 1995)とする，用法基盤モデルの精神と合致するのである．

　以上のように，have 構文は知覚動詞をもととする拡張から，その使用が始まった．have の意味が知覚動詞の意味とも類似性・共通性をもつことに基づいて，不定詞を用いる [SVO＋不定詞] スキーマが適用されたと考えられる．そして，スキーマが定着した後には，この表現形式を用いることのできる動詞群の意味，すなわち「知覚」と似た意味をもちうる動詞にかぎり，拡張を見せることになったのである．

6.4　創発するカテゴリー：英語の疑似モーダル表現

　人間のもつ文法知識は談話の中で用いられた具体例をもとに形成される，という考え方 (Hopper 1998) が，用法基盤モデルの基本をなす重要なものであることは，これまで見たとおりである．この章最後の節では，それまで存在しなかったか，存在を意識されていなかったような新しい意味カテゴリーが，談話使用を通じて創発する (emerge) 例を，Krug (2000, 2001) の研究からかいつまんで概観し，ここまで見てきた頻度や類推，共時的および通時的観点からの用法基盤的考え方を，総合的に応用してみたい．

　言語には，モーダル (modal: 法) と呼ばれる表現が存在する．文が表す状況や事態に対する話者の心的態度を表すもので，英語では You *may* / *can* / *should* / *must* / *might* . . . go などの助動詞や，probably, possibly などの副詞が，このモーダル表現にあたる．さらに分類するならば，前者は法助動詞というカテゴリーを構成し，後者は法副詞というカテゴリーを構成しているとも言える．この法助動詞カテゴリーは，英語では典型的に

can, could, shall, should, will, would, may, might, must という9つの成員から成り立つとされている．これらの成員は特異な文法的特徴を共有している．それは，過去時制を表せないこと（*You caned go），人称による屈折を見せないこと（*He cans go），否定の縮約をとること（You can't go），そして疑問文形成の際に倒置を起こすこと（Can you go?）である．

実は，英語に関してはもう1つ，類似の法助動詞カテゴリーをあげることができる．それは，疑似モーダル（quasi-modal）と呼ばれる一群の語彙表現である（Krug 2000, 2001）．この表現は，いわゆる典型的な法助動詞と同じ位置に生起するが（You hafta / needa go），必ずしもその統語的振る舞いの特徴を，すべて共有するわけではない．たとえば，過去形をもつものもあるが（You had to go），もたないものもある．また，人称による屈折を見せるものがほとんどであり（He hasta go / She needs to go），疑問文形成では倒置を起こさない（Do you hafta go?）．しかし，これらの疑似モーダルは，明らかに話者の心的態度を表明する表現として確立しつつあり，実際，会話コーパスにおいてかなりの高頻度で使用されている．次のデータを見てみよう（Krug 2001, 310）．

表6–4　BNCの即興会話コーパスにおける高頻度の動詞群上位30例

談話中1,000語ごとの生起頻度	表現項目
50　以上	be
10　以上	do, have, get
5　以上	go, say, know, *can*, think, 'll
2.5 以上	see, come, mean, (be) **going to / gonna**, *would*, look, *will*, put
1　以上	take, *could*, make, **have to**, tell, **want to / wanna**, want (+ NP), give, **got to / gotta**, 'd (modal), like, *should*

会話の中で頻繁に用いられる動詞群を見ていると，beやdo, haveなどの，疑問文や完了形などでよく用いられる動詞群に続いて，いわゆる法助

動詞と呼ばれるタイプのもの (can, will, 'll, could, 'd, should など：上の表では斜体表示)が上位にきている．しかし，それに加えてもう1つ目につくのは，(be) going to や have to, got to といった表現である(上の表では太字で表示)．これらは，意味的には話者の心的態度を表すモーダル表現であり，本来の法助動詞と並んで上位30例に入っている．また，これらの表現はそもそも歴史が浅く ((be) going to は15世紀，have to は16世紀，got to は17世紀が，*OED* における初出例である)，会話で高頻度に用いられるようになったのも19〜20世紀になってからである．

さて，これらの疑似モーダル表現はトークン頻度が高いため，縮約効果によってそれぞれ gotta, gonna, wanna と綴ることのできる表現になっている．興味深いのは，これらの表現間に音声面での共通性が見られることである．gotta [gátə], gonna [gɔ́(ː)nə], wanna [wánə] はいずれも，[CVCə]と表現できる音韻連鎖を形成している．また，意味的にもすべて，なんらかの話者の心的態度を示すモーダル表現であるという点で共通している．このような共通性から，意味と音声パターンの結びついたスキーマとして［モーダル表現/CVCə］が抽出可能である．

スキーマは「結果志向性」をもつ，つまり，そのもととなった表現がどうであれ，結果として得られた表現グループの共通性を捉えるものだということを第3章3.4節で述べた．ここでもその性質があらためて確認できる．これらモーダル表現のもととなった表現そのものは，必ずしも音韻的共通性が見られない多様な表現である．たとえば，もともとの表現である had better と is going to とは，それぞれに語数も異なるし，異なる音連鎖から成り立つ表現である．('d) betta に関しては，had という動詞が介在していたとはいえ，最終的に音声として残っているのは better という形容詞由来の表現であり，他と比べても大変異質である．同様に，(have got to >) gotta という縮約表現も，音韻的に残ってきたのは got という過去分詞形であり，その他の gonna, wanna などが動詞由来であるのとは成り立ちが異なっている．にもかかわらず，結果としてこれらの表現の間には，[CVCə]という共通性を見出すことができるのである．

(16)　a.　had better ＞ 'd better ＞ betta /ˈbetə/
　　　b.　is going to ＞ 's going to ＞ gonna /ˈɡɒnə/
　　　c.　have got to ＞ 've got to ＞ gotta /ˈɡɒtə/

　興味深いことに，ほかにもこのスキーマにあてはまると考えられる法表現が見つかる．そのうちの1つは，could have, might have, would have, should have など，法助動詞とともに用いられる，ある決まったパターンの表現群である．これらもトークン頻度に基づく縮約効果により，1語であるかのようにつづまって発音されることが多く，しかもその結果として得られるのは，先ほどから見ているスキーマ［CVCə］に合致する発音（coulda, mighta, woulda, shoulda）となる．また，coulda は，上述の hafta や betta とはたしかにスキーマで示される共通性をもつけれども，そのもともとの表現自体（could have と have to, had better）はなんら似たところがなく，まったく独立した表現であることがうかがえる．ここにも，スキーマのもつ結果志向性が現れている．

　もう1つのグループは，to 不定詞を伴う助動詞的表現である．具体的には have / has to, used to, ought to, try to などで，これらも，モーダル的側面をもつ表現である．これらも縮約されると，先ほどから見ているスキーマとまったく同一ではないが，酷似する音声パターンをもっている．これらの歴史は浅く，最近になってからの発展であることに注意したい．

　以上の考察をまとめたものが，次ページの表6–5である．ここで注目すべきことは，縮約効果による表現が生まれたことで，英語の文法に新しい文法的意味カテゴリーの誕生という変化がもたらされたことである．ここでは疑似モーダルという，法助動詞に準じる一群の表現がそれにあたる．表6–5に示した，結果として得られる表現は，いずれも［CVCə］という共通する音声と，モーダルとしての意味をペアとする，スキーマを共有している．

　次に疑問としてあがってくるのは，この疑似モーダルという新しい文法的意味カテゴリーが，どのように生じてきたのかということである．このようなカテゴリーが成立するプロセスは，どのようなものだろうか．

　従来，言語における鏡像性（iconicity）と経済性（economy）とは相反

表6-5　疑似モーダル表現一覧

もとの表現	縮約形	結果としての表現	得られるスキーマ
have / has got to	('ve / 's) got to	gotta	[CVCə]
is / am / are going to	's / 'm / 're going to	gonna	
want to		wanna	
had better	('d) better	betta	
need to		needa	
could have		coulda	
would have		woulda	
might have		mighta	
should have		shoulda	
have to		hafta	[CVCə]に酷似
has to		hasta	
used to		useta	
ought to		oughta	
try to		tryta	
trying to	try'n to	tryna	

するもの，お互いに対立するものだという見方が一般的であった．たとえば，have to が hafta と縮約されれば，音声的には発音上の経済性に基づいて短くなるが，一方で，hafta が have + to という組み合わせから成る意味をもっているかどうかが，その形式からはうかがいしれなくなってしまう(= 意味が不透明である)．したがって，経済性が上がると意味と形式との対応づけであるはずの鏡像性は薄れていくものだと考えられていた．

しかし，最近では「鏡像性が失われる」という点に関して，従来とは異なる見解が見られる (Haiman 1990)．経済性が高まれば，たしかにその表現のもともとの成り立ちをストレートには反映しなくなってくるため，その点での鏡像性は失われてくると言えよう．しかし別の見方をすれば，have to が hafta に，あるいは have got to が gotta に変化することで，

モーダル的な意味が新たに獲得されているとも言える．つまり，hafta や gotta は，have to という 2 語や have got to という単純な 3 語の連鎖の表す意味とは異なる談話機能をもつ方向に変化しているということである．そして，この縮約形が 2, 3 生じることで，[CVCə] という音声と「疑似モーダル」としての意味がペアとなったスキーマが抽出できると，この新しい意味を同じようにもつ他のメンバーも，少しずつ増えてくるのである．表 6–5 で言うならば，横の関係における鏡像性（語が「積木」のように組み合わさって全体の意味を構成する）は失われるかもしれないが，縦の関係（hafta, mighta など [CVCə] スキーマで捉えられるグループ）のカテゴリーが新たに形成されることになる．ここに新しいカテゴリーが誕生するのである．形式の類似が新たなメンバーを引きつけた事例だと言えよう．

新しいカテゴリーが徐々に作られつつあることに関する傍証として，世代間における使用頻度の違いがあげられる．たとえば，be going to と gonna それぞれの生起頻度を，その発話者の年齢を区切って調べたところ，表 6–6 のような傾向が見られた（Krug 2000, 321）．

表 6–6　年齢別の疑似モーダル表現使用の割合

年齢	1–14	15–24	25–34	35–44	45–59	60〜
going to の総数	420	432	1,150	1,178	2,213	1,105
そのうち，モーダル表現として用いられたものの割合	71%	71%	78%	81%	85%	80%
そのうち，名詞との共起例の割合（移動の going to としての用法）	29%	29%	22%	19%	15%	20%
100 万語ごとに見た gonna の出現数	2,369	2,452	1,727	1,570	1,166	553

ここで明らかになるのは，going to という連鎖がどの世代にとっても，純粋な文字どおりの移動表現というよりは，むしろモーダル表現として用いられていること，そして年配の人ほど縮約をせずに発音する傾向にあ

り，若者のほうが縮約形 gonna を多用しているという実態である．つまり，世代が若くなるにつれ，gonna という新しいカテゴリーに属する成員がしっかりと定着しているし，逆の見方をすれば，[CVCə] スキーマで表されるカテゴリーが成員を着実に1つ増やし(= タイプ頻度を1つ上げて)，自身の文法上での位置づけをより強固なものにしているのである．

6.5 まとめ

　以上，本章では4つの言語表現カテゴリーに焦点をあて，その通時的変化に用法基盤モデルの考え方が適用可能であることを見てきた．構文カテゴリーがタイプ頻度に促されてどんどん広がっていくもの(way 構文)，トークン頻度の低下によりしだいに廃れていくもの(二重目的語構文)，他の構文形式との類推によるカテゴリー拡張をしていくもの(have 構文)と，変化の仕方は一様ではない．いずれも，個々の動詞を用いた具体的事例に基づいて，局所的にカテゴリーを変容させていることがわかる．構文の意味カテゴリーが現在ある姿になったのはなぜなのかを問うとき，その具体的事例が用いられている現状に目を向けることで，変化の方向性をうかがうことができる．また，それまで存在していなかった疑似モーダルという新しい意味カテゴリーが文法の中に創発するという現象も，現実の使用事例を見ていくことで，自然な流れをもつ変化として位置づけることができる．このような用法基盤的アプローチをとることで，言語の歴史的な変遷現象一般に対しても，さらに踏み込んだ研究が可能になるだろう．

第7章 形成されるカテゴリー：
言語獲得の観点から

　認知言語学の分野では，言語獲得（acquisition）という個体発生的現象について，今まで積極的な研究があまりなされてはこなかった．その研究対象は，主に規範的な書きことばを中心としており，まず共時的な言語現象から，次いで歴史的な変化に対する研究へとその広がりを見せてはきたが，談話・会話データを中心とする研究や言語獲得には，ほとんど手つかずであった．Langacker（1988b）の用法基盤モデルと銘打たれた論文やLangacker（1987, Ch.10）では，カテゴリー概念の習得過程に関する言及がなされてはいるものの，あくまでも示唆のレベルに留まっていた．

　1990年代頃から，発達心理学者であるMichael Tomaselloが言語発達に関して一連の研究を次々に発表し，頭角を現してきた．彼は認知言語学の発想に親和性を見出しており，言語獲得が単なる記号や文法規則の習得によってなされるものではなく，その記号の使用場面や使用意図とともに学ばれることで会得されていくものと考えている．

　これまで見てきたように，用法基盤モデルでは大人の言語体系を，次の3つのプロセスを経て形作られる，記号体系のネットワークと考える．

（ⅰ）　言語経験の蓄積（具体的，さまざまなサイズ）
（ⅱ）　スキーマ化
（ⅲ）　記号単位の確立（上の2つのミックス．サイズも抽象化の度合いも異なる）

　この考え方は，子どもの文法形成過程にも適用される．生得的な普遍文法

の存在を特に仮定しなくても，言語に限定されない生得的認知能力を駆使することで，子どもは具体事例の学習・経験に基づいて文法知識を習得・形成していくことが，少なくとも部分的には可能だ，と考えている．子どもは周囲との言語接触を通じ，具体的な事例に1つ1つ接する学習を基とし，さらにカテゴリー形成能力を駆使して，耳にする具体的言語事例の共通性に基づくスキーマを取り出し，最終的には抽象的な文法知識を形成すると考えられる．

特に注意すべき点として，用法基盤モデルでは，流暢に言語能力をあやつる母語話者を作り出すためには，抽象的な文法規則だけを与えたのでは十分ではなく，膨大な実例を1つ1つ学習していくプロセスを与えることが必要だと考えている (Langacker 2000)．以下では，言語獲得に関する最新の考え方の一端を紹介し，子どもが大人のもつ構文カテゴリー形成に至るプロセスについて言及する．

7.1 文化学習としての言語獲得

言語獲得に関する論調は，大きく2つの立場に分けられる．西洋の哲学の歴史でも知られる，経験説と生得説である．前者は，言語が後天的に習得される能力だとし，後者は，先天的に組み込まれた能力であるとみなす．

心理学の分野での行動主義理論に基づく経験説では，言語行動を他の認知行動と同じだと考え，ことばを，パブロフの犬のように刺激と反応によって学習するものとみなしてきた．しかし，このような考え方では説明しがたいことが多々ある．まず，1) 聞いたことのない文を子どもが発することがあるが，その理由を説明することができない．また，2) ことばが指示する対象候補となるものは身の回りにあふれかえっているのに，どのようにして子どもは正しい指示対象を絞り込むことができるのだろうか．たとえば，「コップ」ということばがコップ全体を指すのか，コップの取っ手を指すのか，その色を指すのか，初めてそのことばを聞いた子どもには，その可能性を絞り込む複雑な作業が課せられるが，それはどのように実行されているのかが説明できない．

もう1つの立場は，いわゆる生得的な装置を想定するものである．生成文法理論は1)に関する解決方法として，普遍文法という生得的な能力が，人間という種に組み込まれていると考えざるをえないと主張した．また，発達心理学者 Markman (1989, 1994) や Clark (1987, 1993) は，2) の「意味の不確定性の問題」を解消するものとして，語彙獲得における認知的推論プロセスには生得的に制約が課せられている，という説を提唱した．その制約とは次の3つである．

（1） 語彙獲得に関する制約：
① 事物全体制約（whole-object constraint）：子どもはある音声配列を聞いたとき，特に条件がないかぎり，対象物全体をその指示対象として結びつける．
② 事物カテゴリー制約（または類制約）（taxonomic constraint）：子どもは獲得した新しいラベルを，同じ種類のもの全般に適用しようとする．
③ 相互排他性制約（mutual exclusivity constraint）：子どもは1つの事物には1つのラベルしか存在しないと仮定するため，新しいことばを耳にした場合，子どもはそれが未知の事物を指すと考えるか，既知の事物の異なる側面を指すと考える．

たとえば，ウサギによく似た白い動物を見て "Gavagai!" と誰かが叫んだ場合，子どもはまず，①の事物全体制約に基づき，Gavagai ということばがその対象となる動物全体を指すのであって，動物の尾や手や白い色などの，部分的な特徴や部位を指すのではないと推論し，理解する．次に②の事物カテゴリー制約に基づき，Gavagai とは，今見た具体的・個別的な個体としての動物だけではなく，同じカテゴリーに属する動物すべてを指すものであると推論し，理解する．さらに，③の相互排他性制約に基づいて，Gavagai という名前は同一カテゴリーには1つしかないと推論するので，次に同じ動物を見て別の表現が発話されたとしても，その表現は Gavagai という動物全体を指すのではなく，何か異なる側面，たとえば尾や手や白い色などを指すと推論することになる．

生得的能力を重視する立場に共通して見られる主張は，子どもがことばを環境とは切り離して，独力で発見するかのように仮定していることである．情報も手がかりもない中で，子どもが指示対象を正確に限定できるには，生得的な制約や装置が備わっていると考えざるをえない，ということである．たしかに，子どもがまったく白紙の状態から言語をあやつる大人になるには，学習だけでは説明がつかない．なんらかの生得的な能力があると思われる．しかし，本当に子どもは「白紙の状態」で，手がかりにとぼしい環境におかれていると言えるのだろうか．現実に言語を獲得する場面では，その場の場面文脈に基づく情報や大人の視線，指さしなど，その指示対象をかなり限定する要素がたくさん与えられている．子ども自身が興味をもって指さしをし，ラベルづけを要求することもある．言語を学ぶ状況には指示対象を絞り込む手がかりがない，という仮定自体を再検討する必要がある．

　このような点をふまえて，Tomasello は社会・語用論的理論（social-pragmatic theory）を提唱する．人間だけに言語獲得を可能にするような生得的側面があることは認めるが，それは主に，言語前の段階（pre-linguistic period）における認知発達上の側面に求められるとする．単なる刺激−反応に基づいて言語を学んでいくと考えた行動主義的な学習説を，そのまま素朴に踏襲するのではなく，実際に耳にする（＝経験する）刺激を素材とし，それを理解する際に，生得的認知発達能力を駆使して情報を読みとり，言語刺激と対応させていくことで徐々に文法知識を創りあげていく，という立場をとっている．また，ことばは特異な性質をもった社会的共有物だと考えていて，周囲の人がことばをどのように用いているのか，その伝達意図を合わせて学ぶことそのものが，言語を獲得するということだと考える．

　では，言語獲得を可能にする認知的能力とは何だろうか．Tomasello は，子どもが言語という記号を用いてコミュニケーションを行えるようになるために必要な要件をいくつかあげているが，そのうち特に重要なものは，1) 共同注意（joint attention）フレームの確立，2) 伝達意図（communicative intention）の理解だとしている．特にこの「共同注意」という側面は，

哺乳類の中でも人間には見られるが，他の種の生物に関しては現在のところ，まだ確認されていない能力のようである．

　まず，「共同注意」とは，自分と相手とモノという「3項関係」をうち立て，そのうえで，相手にそのモノに対して注意を払わせようとすることを言う．子どもの認知発達の一過程として，またコミュニケーションの前提として，この「3項関係」の確立の重要性は，発達心理学などの領域で指摘されてきた(やまだ 1987; 麻生 1992, etc.)．乳児は，初めにはこの3項関係をうち立てることができず，自分と親，自分とおもちゃというような，2者間の関係の認識の段階に留まっているとされる．子どもが親の顔を見つめて笑っていても，親が子どもにおもちゃを渡せば，子どもと関わりをもつのはそのおもちゃであり，親はその注意の中には入ってこない．この2者間の関係の段階はしばらく続くが，生後9カ月頃を境にして，親におもちゃを見せようとしたり，おもちゃをとってと要求したりする行為が見られるという．このように，自分が着目しているモノに他者の注意を向けようとする行為が可能となるためには，前提として，相手も自分と同様に意図性をもった (intentional な) 存在である，ということが理解できている必要がある．

　相手が自分と同じ意図的な存在であると認識できれば，相手が何か音声を発するのが「共同注意をうち立てて何かを伝達しようとしている」ことだと認識できるようになる．これが「伝達意図の理解」である．音やマーク，表現が，「記号」ひいては「ことば」となるためには，この伝達意図が不可欠である．というのも，大人があるモノに自分の注意をひこうとして，その音やマークを用いていると子どもに理解できたとき，初めてそれらが子どもにとってことばとして成立すると Tomasello は考えているからだ．

　以上のような能力が子どもに発現する1歳前後になって，初めて言語獲得が可能となる．ある表現を耳にすると同時にその表現の用いられた伝達意図を推測し，2つを結びつけた子どもは，次にはその表現を用いて自分でも伝達意図を伝えようとするようになる．では，子どもが出会うことばとは，どのような性質を備えた記号なのだろうか．

Tomaselloは，言語獲得のプロセスを「文化学習」(cultural learning)の特殊な形だと考えている．言語(ことば)は，音声が意味を担っており，その音声で事物や事象を指し示すことが可能な記号だが，さらに重要な点は，それがコミュニケーションの場を通して機能しなければならないものだということである(岡本 1982, 48–49)．言語はそのままでは記号として成立せず，相手がそれによって何を意図しているのかを読みとることが要求されるし，その効果が確実に実現されるためには，音声に結びつけられる意味が，自分だけではなく他人にとっても同じものとして，社会的に共有されている必要がある．岡本(1982)はこれをふまえ，言語とは「社会的約束のうえに成立している記号」であると述べている(岡本 1982, 49)．このような性質をもつ言語を子どもが使えるようになるということは，社会的約束のうえに成立している慣習としての記号を「学ぶ」，つまり社会的・文化的約束ごとを学ぶことと等しいと考えられるのである．

　この文化的産物として捉えられる言語には，次のような大きな特徴がある．すべての言語表現には，それに対応する伝達慣習(communicative convention)があり，言語表現が異なれば，それによって伝達しようとしている側面，焦点をあてている側面が，異なっている．言い換えれば，言語表現はどんな単純なものであっても，ある特定の「パースペクティヴ」(世界に対するものの見方)を内在させているのである．同じものを指し示すにもさまざまな表現が可能だが，その表現がなぜ存在するのかといえば，ものの異なる見方を提示する機能を果たせるからだということになる．海水浴にきている人が「砂浜」(beach)と呼ぶ場所を，スカイダイビングをしている人は「地面」(ground)と呼ぶかもしれない．同じものであっても，人によってそれを「花」(flower)と呼んだり，「バラ」(rose)と呼んだり，あるいは「贈り物」(gift)と呼んだりするかもしれない．この違いは，指し示されているものが同じでも，それぞれの人の目的に応じて異なる側面に焦点をあてられ，異なる捉え方がされていることを示している(Tomasello 1999, 107; 2003, 13)．

　パースペクティヴを内在しているのは語彙だけではなく，構文も同じである．同じ状況であっても，次のような複数の構文表現が可能である．

（2） a. He broke the window.
　　　 b. The window broke.
　　　 c. The window was broken.

遊んでいた子どもが窓を壊してしまった場合，まわりの人は（2a）のように発言し，その子どもに責任があると糾弾するかもしれない．しかし，本人が自分の責任だと明言したくないと思っていたら，（2b）の発話を選ぶかもしれない．また，勝手に窓が割れるはずがないと考えた家人が，まず窓を見て発話するのは（2c）かもしれない．このように，同一の状況を描写する場合であっても，その状況の捉え方を反映するさまざまな表現が可能である．親が，（2b）の発言をした子どもをたしなめ，You broke the window. と，（2a）の表現をあらためて用いたならば，それは単なる表現上の訂正に留まるものではなく，子どもの選んだパースペクティヴを修正し，事態に対する適切なパースペクティヴを促すという意味合いをもつことになる．

　このように，言語の学習とは，言語表現とともに，それに付随する外界事態の捉え方をも合わせて同時に学ぶことである．言語表現と世界の事物とを1対1に単純対応させるだけでは不十分であり，その言語表現を何のために，何を伝えるために用いているのかという，他人の伝達意図を理解することも必要である．語学の教室で書き換え指導をする場合には，単純な機械的操作の伝授に留まるのではなく，このような背景まで肝に銘じておきたいものである．

　この立場では，先に見た「意味の不確定性」という問題に対して，次のように考える．コミュニケーションは共同注意が成立している場でのみ成功するものなので，そのような状況のもとでは文脈が了解されているため，用いられた未知の表現が何を指示対象とするのかの絞り込みや，発話意図を読むことが比較的簡単にできるはずである．つまり，子どもはその場の環境が与える情報を駆使して，指示対象の選定をある程度成功させることが十分に可能であろう，と想定されている．

　また，ある程度の語彙や構文を学べば，次に類似の場面で新しい表現に出会ったときに，比較対照することができる．表現形式が異なればその意

味や場面に対するパースペクティヴが異なるという言語の性質を前提とすれば，今直面している新しい表現がもつ，既知の表現との微細な意味の差を理解して学ぶことが可能だと考えられる．このようにして，子どもは言語表現とそれに結びつく異なるパースペクティヴを，社会的に共有されている文化的産物として，学習していくことになる．

7.2 「動詞の島」仮説

用法基盤モデルとはその名のとおり，具体的な言語用法を基盤にして文法知識が形成されると考えるモデルであった．この考え方は，言語獲得においても有効である．この節では，子どもの初期のデータに基づく「動詞の島」仮説（Verb-Island Hypothesis）という考え方を紹介し，その仮説が用法基盤モデルと精神を共有していることを示す．

子どもは，言語発達初期の段階（少なくとも1歳代）では，今までに見聞きしたことのある文パターンを，見聞きしたまま保守的に真似て発話する傾向がある．そしてその中心となるのは，動詞である．動詞がどんな参与者をとるか（目的語をとるのか，前置詞は何をとるのかなど），そして結果的にどんな構文で表現されるのかは，動詞ごとに学ばれているという研究結果が見られる．

動詞 hold を例にとろう（図7-1）．最初の発話の例として，Mama hold, Dada hold などのように，動詞を中心として，ある項位置に異なる具体

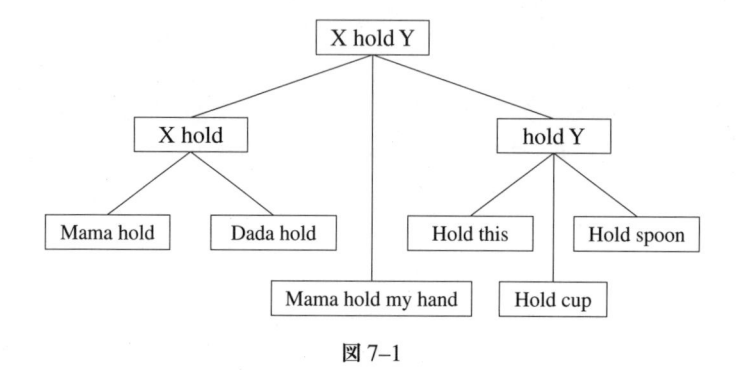

図 7-1

参与者 (mama, dada) を入れ替えたものがあげられる．そしてその後になってしだいに，hold this / spoon / cup や Mama hold my hand など，最初とは異なる項が用いられ始める．

　この学習作業は，動詞単位，つまりそれぞれの動詞ごとに行われていくのであって，項構造パターンを他の動詞にも適用することは，初期の段階では見られない (Tomasello 1992)．動詞 hold に関して，Mama hold my spoon という発話が可能になったということは，hold という動詞に関して〈holder (hold するもの)〉と〈holdee (hold されるもの)〉という，2つの項概念を獲得し，またそれらを言語的に明示化できたことにはなる．だからといって，その知識をもとにして，同時期に別の新しい動詞 draw に関して Mama draw this spoon という文を発することは，残念ながらない．この時点ではまだ，動詞 draw での学習が hold ほど進んではおらず，hold で使えた「他動詞構文パターン」もしくは「項の概念」を draw に応用して適用することはできない．つまり，hold には hold を中心とした項構造発達の歴史が，また draw には draw の項構造発達の歴史が，それぞれ独立して存在するのであり，互いの「相互作用・相互交流」はない．この段階では「文法規則」はまだ発現していないのである．

表 7-1　初期の動詞 cut と draw の項構造発達の歴史（数字は生後の月齢）

19	20	21	22	23
cut __				
draw __				
	draw on __			
	draw with __			
		I draw		
		I draw __		
			Draw __ on __	
			Draw on __ with __	
				Draw __ for __
				I draw __ for __

　子どもは当初，言語使用に関して保守的であり，あくまでも，1つ1つの

語が「昨日どう使われたか」に基づいて，言語を習得していく．どんな項構造をとるのか，どんな統語標示を用いるのかを動詞ごとに1つ1つ学ぶのであり，最初から広範囲の動詞にその項構造や統語標示を応用してはいかない．結果として，ある動詞はある特定の構文でのみ用いられており，一度に複数の構文形で用いられることはない．このように，言語獲得はまず個別の動詞ごとに行われ，それぞれの語は他から独立したそれぞれの項構造の発展を見せる．こうした考え方を，「動詞の島」仮説と言う（Tomasello 1992）．

この考え方では，子どもが具体事例の「学習」に基づいて言語獲得を行うことが明示化されている．具体事例の中から共通性としてのスキーマを抽出し，名詞表現のみを自由に入れ替えることで，そのスキーマを具体化した新しい表現を発話する．このスキーマも，初めは大変具体性の高いものである．たとえば，動詞 give を用いた〈Gimme __〉などは，間接目的語が1人称に限定された1語文として，きわめて具体的である．そして，この具体例に即したスキーマが可能になった後に，しだいに Give him, Give her などの表現に基づいた〈Give PRONOUN __〉スキーマ，さらには Give John, Give mom などをも包括する〈Give INDIRECT-OBJ __〉スキーマへと，抽象度を上げたスキーマが抽出されていくと考えられる．

このように，初期の子どもは動詞ごとに項構造を学んでいく．ある動詞で学んだ項構造を，単純に他の動詞に拡張適用させていくことはない．この「動詞の島」現象は，子どもが具体的な使用例をもとに，カテゴリー化能力を駆使して文法パターンを学習していくプロセスの表れ，と考えることができる．もし初期の子どもに〈動詞〉という抽象的な文法カテゴリーや，〈動作主〉，〈被動作主〉といった動詞の項役割，また〈主語–動詞–目的語〉などの構文カテゴリーが最初から利用可能であったならば，1つの動詞に関して学んだSVOの項構造パターンを，もっと簡単に他の動詞でも応用して創造的に用いてしかるべきである．しかし現実には，子どもが最初からそこまで自由に言語表現を操れるわけではないことが，近年の言語獲得の研究で少しずつ示されている．子どもは，大人がすでに獲得している規則や文法カテゴリーといった概念を，最初から持ち合わせてはいな

いし，ましてや移動動詞，接触動詞，使役動詞などといった動詞の分類も，最初からできるはずはない．そのようなカテゴリーを抽出することは可能だが，それは具体例をある程度習得した後の段階になってからのことである．あくまでも最初は，各々の動詞ごとに，その可能性を学んでいくのである．

7.3　構文の概念と言語獲得

　子どもが初期の頃から，ものの名前(つまり典型的には名詞)を，ある1つの動詞の項位置に次々と自由に入れ替えて用いるとは言っても，「名詞」というカテゴリーを早くから獲得しているとは言えない．子どもの名詞概念獲得は，もう少し大きな句，文単位をもとに始まっているようである．興味深いことに，冠詞aと共起する名詞とtheと共起する名詞とが，初期の頃ははっきりと異なっている傾向が見られる(Pine and Lieven 1997)．このことは「名詞句」という，名詞より大きな単位が習得の対象となっていることを示している．たとえば，2歳半までの子どもの発話では，具体的な名詞相当表現が，[in the X]や[That's a Y]などの大きな単位に埋め込まれた形で，入れ代わり立ち代わり用いられている．

　　(3)　a.　Where's the X　　in / on the X　　There's a X
　　　　 b.　That's a Y　　Get a Y　　Want a Y

興味深いのは，[in the X]表現でXにあたる名詞表現が，[That's a Y]という統語フレームで(つまりXをYに置き換えて)用いられることが，極端に少ないことである(したがって，That's a Xやin the Yという表現は初期の頃には見られない)(Pine and Martindale 1996)．これは，動詞が構文ごとに学ばれており，2つの構文に一度に同じ動詞が用いられることはないとした「動詞の島」仮説とも並行する現象である．XやYやZにあたる項をひとくくりにする〈名詞〉という上位の抽象的カテゴリー概念が，そこから抽出・学習されていくのは，もっと後のことと考えられる．

　この事実は，子どもが具体例を基本にして，最初は1つ1つその共起環境とともに学んでいることを明らかにしている．この共起環境は，「構文

スキーマ」という形で(具体的レベル, 抽象的レベルを問わず)後に一般化されることになる. 子どもにとって最初に出会う, 心理的な実在性をもっている言語単位は,「名詞」や「動詞」などといった文を組み立てる部品ではなく, もう少し大きな単位の「構文」のレベルなのである.

7.4 「構文の島」と獲得の順序

「動詞の島」仮説は, 1つの構文形式に使用可能な複数の動詞が, 項構造に関してそれぞれに異なった獲得の過程を見せる, というものであった. 同じことが, 構文のレベルでも見られる. 構文として表しうる意味が複数あった場合, 共起する動詞によってその発達の進度が異なるという現象が見られる. また, 構文の意味の発達を見ていくと, 子どもの場合は従来の言語分析で中心的事例とされていたものを, 必ずしも先に獲得しているわけではないことも明らかになってきた.

Dissel and Tomasello (2001) は, 言語獲得途上にある子どもの発話資料である CHILDES データベースを用いて, 複文構造や従属節の獲得過程を調査した. 従来から複文とされていたものには, 主節の意味に応じて3つのタイプが含まれる (Dissel and Tomasello 2001, 100–108).

① 主節動詞が文字どおりの, いわゆる辞書的にもプロトタイプとされる意味内容を表しており, 全体として完全な複文構造をなすもの.
例: He thinks that I am wrong. / Peter remembered clearly that he had seen this guy before. / Peter saw that Mary was coming. (think は文字どおり「考えている, 思考している」の意味を表す. 主節を挿入的に用いたり, 後置したりすることはできない. この点で, 主節 He thinks は「彼が考えている」という情報内容を主張, 伝達する働きをもつ.)

② 主節が, that 節の内容についての話者の心的態度を表すもの. 補文標識 that は省略されることが多い. 主語は圧倒的に1人称. that 節が伝達の焦点となるため, 意味的には単文構造を形成する.
例: I believe this is a mistake. / I find these conditions are unfair. / I (can) hear that Paul is coming. (ドアが開く音を聞いて)

（I believe / I find / I (can) hear は「信じる」，「見つける」，「聞こえる」という内容を積極的に伝達しているわけではない．むしろ probably などの確信度を表す法副詞に言い換え可能であり，省略することも可能．文全体としての主張は that 節部分にあり，意味的には単文形式に近い．）
③　主節が定型的表現であるもの．
　　例：Suppose we do it this way. / Guess what that is? / (You) know where my monkey is?
　　　（主節としては不完全な形であり，かつよく使われるイディオム・パターン的な表現．主節の表す意味内容はゼロに近く，純粋に談話機能のみ．文全体としては，②以上に補文内容が全面的に主張される単文構造をなしていると言ってよい．）

　このうち，獲得の順序は各動詞の用例において，おおむね③→②→①であることが明らかになった．つまり，プロトタイプとされる教科書的な意味での用法は，比較的後になってしか観察されず，むしろ周辺的かつ歴史的にも後になって発達したとされる③のタイプの定型表現から先に学ばれているのが，実態である．このことは，周囲からの日常的語りかけにおいて，情報伝達を目的とする表現よりも，心的態度を表明する表現が圧倒的に高頻度であることと密接な関係がある．また，そこで用いられる「主節」表現が，「主語＋動詞」という構成として分析的に理解されているわけではなく，まずそのまま全体を丸ごと定型として学び，発話されているという現実も示唆される．用法基盤モデルでは，個々人が言語構造に対する知識を得るプロセスが，まず全体的かつ非分析的な形で表現を理解することから始まる，と考えており，まさにこの考え方を裏づける結果が得られたことになる．
　また，各々の主節パターンにおいて，それぞれの動詞ごとにその意味獲得の進み方が異なる．最後に獲得される①の用法での動詞が出現しても，その他の動詞は依然として③や②の段階にとどまっている．つまり，主節表現機能は，③の定型表現や②の心的態度を表す表現など，それぞれの動詞を用いた具体例に即して順次獲得されていく．この時点では，ス

キーマもしくは規則を介して他の動詞に拡張使用されていくことはない．この現象を「動詞の島」になぞらえて，「構文の島」（constructional island）と呼ぶ．

このように，地道な言語獲得データの調査の結果，「動詞の島」，「構文の島」という仮説が生まれてきた．特に「構文の島」現象に関してはかなり普遍性が高く，子ども一般に同じ結果が観察される可能性が高いことが予想される．獲得初期の過程では，子どもが入力に基づいた地道な作業を行っていることが，しだいに明らかになってきているのである．

7.5　言語獲得初期における入力データの頻度効果と統語操作

「動詞の島」仮説および「構文の島」仮説が示唆していることは，子どもが最初から抽象的な文法規則や文法カテゴリーを発見しているわけではない，ということであった．特に言語獲得初期の段階を詳細に観察することで，子どもが入力データにおける頻度に大きく影響を受けている事実が明らかになりつつある．ある程度の段階に至れば，言語表現間に共通する性質をスキーマという形で抽出することが可能になるが，それまでは入力データに保守的に従う学びの期間だということになる．

しかし子どもは，少しずつ表現の幅を拡げていく．保守的な学習者とはいえ，今までに聞いたことのない表現を作り出すことも増えてくる．このような創造的な用法は，どこから生じたものなのだろうか．用法基盤という観点から考えられるのは，入力におけるトークン頻度が子どもの発話を助けたのではないか，という可能性である．つまり，現実に接する発話をもとにして，徐々に統語的組み合わせを学んでいくプロセス（Usage-Based syntactic operation（Tomasello (2000, 74)))が生じているのではないかと考えられている．

この用法基盤に基づく統語操作がどのように起こっているかを探る試みとして，Tomasello et al. (2000) がある．子どもと母親との対話のテープを週 5 日録り，それとは別に，母親に子どもの発話の日記をつけさせ，過去に一度も発話されたことのない新しい表現を記録させた．新しい発話が記録された場合，過去に遡って，その表現を構成している語や句がどれ

くらいの頻度で発話されていたかを追跡した．次の（4a–c）はそれぞれ，子どもが発話した新規表現であり，続く［　］内が過去に発話された類似の表現，あるいはスキーマとそのトークン頻度（上付き数字）である．

(4)　a.　Where's the butter?　［Where's the ___?$^{+50}$, butter^{+5}］
　　　　b.　Just take it.　［just^{+8}, take it^{+20}］
　　　　c.　from my room　［from ___$^{+9}$, my^{+50}, room^{+9}］

Tomasello et al.（2000）によれば，子どもが行う統語操作はたいてい一度に1つであり，そのほとんどが，スキーマのスロットを埋めたり，置き換えたり，表現を挿入したりといった，非常に基本的な組立式の操作であった．新規の発話であっても，その「組立部品」は，過去に必ず現実の発話として体験したものばかりだったのである．このように，過去の入力データとその頻度をつき合わせることで，その語や表現が何に基づき，いつどこに由来しているのかという，小さな「個人の言語の歴史」をそれぞれの新規発話に関して見出すことができる．

この考え方を念頭に置いて，第6章6.3節でも扱った have 構文の言語獲得過程について概観してみよう．have 構文に関する言語獲得研究としては，Baron（1977）があげられ，また Tomasello（1992）の言語資料でもその一部を拾うことができる．その研究成果およびデータから気がつくのは，have を用いた初期の発話に，希望（want），要求（demand），依頼（request）という，対人関係機能をもつものが多いということである．Tomasello（1992）の Appendix の事例の29例中15例が，なんらかの要請を行っているものであった（数字は生後の月齢・日数を表す）．

(5)　a.　19.20　BALOON HAVE-IT . . . *wants it*
　　　　b.　19.21　DADDY HAVE THIS WALLET . . . *holding his wallet, wanting him to have it*
　　　　c.　19.26　HAVE THE GUM . . . MOUTH . . . IN THERE — *she wants gum*
　　　　d.　21.16　HAVE JUICE IN MY BOTTLE . . . *wants it*
　　　　e.　21.21　HAVE THAT BACK . . . *wants it*

f. 21.27　HAVE MOMMY FIX IT ... *her toy broke*
g. 22.02　HAVE JELLY ON MY TOAST ... *demand*
（Tomasello 1992, 309）

（6）　my have your foot on it（おもちゃの橋をお母さんに渡ってほしい状況で）　　　　　　　　（Baron 1977, 167）

ここでも，談話・会話データと規範的な書きことばデータとの乖離が見られるのは興味深い．つまり，have 構文を用いる場合，単なる事態描写報告（He had his arm broken. など）として用いる例は見られず，むしろ自らの要求の表明など，差し迫った対人関係的な意味でまず用いられている．この事実は7.4節で見た，心的態度を表す構文のほうが情報伝達の構文よりも先に学ばれるという観察と符合する．大人の語りかけにおいても，have が意志を表す will / would と共起している事例が観察されることから，大人と子どもとの相互作用の中でこの用法が頻繁に用いられていることが見てとれる．（7）は大人の語りかけの例である．

（7）　a.　Erica, Leslie would like to have you come outside.
　　　b.　What book will you have daddy read tonight?
（Baron 1977, 179）

この，Tomasello（1992）の Appendix における have 構文のわずかな例をたどるだけでも，まさに先ほど見た用法基盤的な統語操作を行っているプロセスを見出せる．それをまとめると（8）のようになる．

（8）
[have ＿ (implying want, demand)$_{19:20}$ + in$_{19.22}$/ on$_{19:10}$/ ...] ← (5a, c, d)
↓ ⇐ 抽象化
[have ＿ LOCATIVE (implying want, demand)] ← (5e)
↓ ⇐ 置換
[have ＿ infinitive (implying want, demand)] ← (5f)

具体的な前置詞の表現を基にして，少しずつ have 構文のカテゴリーをうち立てつつあることがうかがえるだろう．

以上見てきたように，用法基盤モデルによる第一言語獲得研究では，子どもが過去に経験した具体事例に基づき，新しい構文形式を常に少しずつ組み立てることで，言語構文の知識を発達させている姿をうかがい知ることができる．子どもは，1つ1つの語を組み合わせて新たな表現を作り出すわけではなく，むしろ以前にマスターした部分的な表現を応用することで，少しずつ手を加えた新しい表現を生み出していることがわかる．そして子どもが利用できるデータは，基本的にまわりの人間の語りかけに基づくものであり，その入力データのトークン頻度も子どもの文法形成に影響を与えているのである．

7.6　保守的学習からスキーマ抽出へ

先述のように，言語獲得の初期段階では，子どもは入力データをそのまま再現した発話を重ねていく．しかし，いつまでも保守的学習を続けていくわけではない．いずれはしだいにカテゴリー化の能力を発揮し，スキーマという形で言語表現間に見られる規則性を抽出していく段階が訪れる．スキーマが抽出されるには，類似の表現を複数経験する必要がある．スキーマが抽出された当初は，文法上さほど重要な地位を占めているとは言えないが，その後のタイプ頻度が上昇すれば，そのスキーマの定着度も上がり，ひいては新しい表現を認可し生み出す際にも応用されることになる．

スキーマの抽出がなされているか否かは，新規表現を生み出す生産的なデータが発話できるかどうかで確認できる．以下では，このスキーマ抽出が言語獲得上，比較的後の段階になってなされるプロセスであること，および，スキーマの定着度そのものも年齢が上がるごとに強まっていく，段階性をもつものであることを見ていく．

Akhtar and Tomasello (1997) は，2〜4歳の子どもに，他動性の高い行為に対して新しい動詞を教える際に，あえて自動詞形のみを聞かせた．すると，3歳半の子どもはその自動詞形を他動詞用法にたやすく応用したが，それより幼い子どもは聴いたとおりの自動詞用法でしかその動詞を発話しないという結果が得られた．また Tomasello and Brooks (1998) で

は，2.0〜2.5歳の子どもに他動詞構文と自動詞構文で，それぞれ1つずつ新規の動詞を教えた後，他動詞の行為に対して自動詞での回答を促す質問（What's happening with X?）を，また自動詞の行為に対して他動詞形による回答を期待する質問（What's X doing?）を行った．これは，談話によって強制的に影響を与えようとする条件のもとで，子どもが単純に疑問文の形に従うのか，それとも自分で学んだ内容を反映した答え方をするのかを見たものである．結果として，子どもは入力形にしたがって，つまり教わったとおりの構文で，新しい動詞を発話する傾向にあった．子どもは，談話による圧力がかかっている（つまり，疑問文が入力形とはマッチしない形式である）場合でも，9割以上が，大人の用いたのと同じ構文で動詞を発話していた．つまり，3歳以降の段階では他動詞スキーマをすでに抽出しており，新規表現を生み出す生産性も獲得しているが，2歳前後の子どもの文法システムでは，耳にした文構造をそのまま再生する（もちろん名詞を自由に入れ替える能力はあるが）傾向があり，他の動詞を用いて文を創造的に作ろうという合理的な生産性はまだ見られない．つまり，他動詞スキーマはまだ十分に定着していないと想定される．

　類似の実験として Akhtar（1998）は，英語の SVO 語順スキーマの獲得について調査し，先ほどの他動詞スキーマの例と同様，ある程度の年齢に至って初めてスキーマ抽出が確認されることを明らかにしている．英語を母語とする2〜4歳の子どもに，架空の新しい動詞とそれが指し示す新しい動作を教える際，ある動詞は SOV 語順で，別の動詞は VSO 語順にして（つまり，英語の標準語順 SVO とは異なる語順で）用いてみた．そして学習時間を設けた後に，"What happened?" と尋ねて，子どもにその動詞を用いた描写文を答えとして促した．すると，2歳児では，習ったとおりの語順（SOV, VSO 語順）による答えと，SVO 語順に直した答えとが半々であり，4歳児では，ほとんどが SVO 語順に直して答えたという結果が得られた．

　この結果が示唆するのは，2歳の段階では，語順パターンを入力に基づいて個々の語彙項目ごとに覚える傾向が顕著に見られることである．またその語彙項目を自ら用いる際も，大変保守的である．実在する既習の動詞

第7章　形成されるカテゴリー　169

に対しても，同様の実験（SOV, VSO の語順で教えた後，What happened? と聞く）を行っているが，この場合は年齢差なく，ほとんどが SVO 語順に直したことも報告されている．これは，すでに英語の標準的 SVO 語順でその動詞の使用法を会得し，それが定着しているため，新規の用法に邪魔されなかったためだと考えられる．

　もう 1 点重要なことは，いったんスキーマ抽出がなされたからといって，その生産性が瞬時に保証されるわけではなく，スキーマの定着度によって段階性を示すことである．SVO 語順に直した表現が 2 歳児では半分見られたという報告からは，SVO 語順のスキーマが不完全ながらも定着の途上にあり，このスキーマを過去に学んだはずの事例にもあてはめようとしていることがうかがえる．そして 4 歳児は SVO に正しく直すことが多かったことから，この時点で子どもにはすでに，語順についてのスキーマが定着していることが示唆される．

　このように，まわりからの入力データおよびその頻度は，子どもの文法形成に重要な役割を果たしている．正しくない語順や他動詞・自動詞スキーマの表現を耳にし続けると，正しいスキーマがまだ定着していない低年齢の子どもは，その語りかけに比較的素直に影響されて，誤った語順の表現を発話する傾向がある．そして，ある程度の年齢に達し，スキーマが定着すると，今度はそのスキーマをもとにして，誤った用法をきちんと修正して発話を行い始めることになる．つまりスキーマの地位が確立するのは，ある程度の具体事例に接した後だということになる．

7.7　構文スキーマの立ち上げ

　「動詞の島」仮説では，言語獲得の初期段階の子どもは動詞ごとに項構造を獲得していくという考え方が提案された．子どもは入力データをもとに保守的な発話を行い，今までに耳にした表現のストックをもち，少しずつその部品としての表現を組み合わせて，大きな単位の表現をも発するようになっていく．

　現実には，言語の性質から見ても，すべての動詞がいちいち異なったパターンを示すわけではない．用いられる動詞の種類によって，規則性を見

出すことが可能である．たとえば，意味的に互いに関連性をもつ動詞は，似たようなパターンを示すことが多い．最初は1つ1つの動詞ごとに学習していた子どもも，それに気づき，しだいに一般化を行うようになってくると考えられる．その証拠に，いずれ子どもは，今までに自分が入力形として聞いたことのない文を発することができるようになる．これは，それまでに見聞きした入力形をカテゴリー化し，もう少し抽象的な一般化である「スキーマ」を抽出し，それを新しい事例に応用するようになったためだと考えられる．前節で見た他動詞・自動詞スキーマやSVO語順スキーマが，その例である．

　では，具体的な意味を伴った一般化としての構文スキーマの獲得は，どのようになされていくのだろうか．たとえば，二重目的語構文やway構文など，特定の意味が特定の語の配列に結びつけられている場合，どのようにしてこのスキーマが獲得されていくのだろうか．

　結論から言うと，やはりこのスキーマも，具体例をもとにして抽出されていくと考えられる．構文スキーマの獲得は，その構文表現とともに用いられ，かつその構文自体の意味と最も関係するいくつかの基本動詞，特に一般性の高い意味を表すとされる軽動詞（light verb / general purpose verb）に基づいてなされていくようである（Goldberg 1999）．具体的には，go, do, make, give, put, find, take, getなど，一般性の高い意味を表す動詞を指す．これらは動詞の担う意味の情報量が軽く，したがって使用される可能性も高いことになる．

　これらの動詞は，子どもの言語獲得初期の段階でも，非常に高いトークン頻度で用いられる傾向にある（Clark 1978）．CHILDESデータベースを調査すると，2歳頃の子どもの発話データで[(主語)＋動詞＋場所表現]形式ではgoが，[(主語)＋動詞＋目的語＋経路・場所表現]形式をとる文ではputが，他の動詞に比べて圧倒的高頻度で生じている（Goldberg et al. 2004）．この種の軽動詞は，英語だけではなく，フランス語，ドイツ語，スペイン語など他の言語でも，いずれも高頻度をマークする傾向にある．その理由は，これらの動詞がいずれも，人間の日常生活に密着した基本的動作を表すからであろう．言語獲得の過程で子どもが接する入力

データのうち頻度が高いものは，子どもの発話における頻度も高いという相関関係があることが，実験でも確かめられている（Slobin 1997）．

　子どもはある形式パターンと，その形式で頻繁に用いられた動詞との相関関係を記憶しておく傾向があり，初めは動詞の意味と形式パターンの意味とを渾然一体として学び，しだいに（問題となる動詞が出てこなくても）その形式パターンにその意味を帰着させていく．このことを示したのが（9）である．

（9）　go (X moves to Y)：自動詞構文
　　　do (X acts on Y)：他動詞構文
　　　make (X causes Y to become Z)：結果構文
　　　give (X causes Y to receive Z)：二重目的語構文
　　　put (X causes Y to move Z)：移動使役構文
　　　　　　　　　　　　　　　　　（Goldberg 1999, 202）

つまり，トークン頻度の高い動詞の意味を，それが用いられる構文の意味に移し替えていくのである．これが，意味と形式のペアである構文スキーマの創発である．

　たとえば，二重目的語構文の場合を考えてみよう．2歳2カ月から5歳2カ月の子どもが最も頻繁に用いたのは，give であった（Clark 1978）．その頻度は他の追随を許さず，2番目に位置づけられる tell の倍の頻度である．子どもは初め，give, tell それぞれの動詞ごとに項構造を発展させて学習していく．この状況では，子どもにとって，give の意味とそれを用いた文形式の意味とは不可分である．しかし give を用いた二重目的語形式のトークン頻度が圧倒的に高いため，その上位である [give O_1 O_2] スキーマの定着度も高くなる．give 以外に [tell O_1 O_2] などのスキーマが抽出されても，give スキーマの定着度は衰えを知らないことになる．その結果，さらに上位の一般性をとらえた超スキーマ（たとえば [Transfer-V O_1 O_2]）と [give O_1 O_2] スキーマとを結びつけるリンクの定着度も高いことになる．そして，上位の超スキーマが活性化されると，同時にその下位にあたる give スキーマも定着度の高さゆえに，同時に活性化される．した

がって，giveスキーマの意味が，抽象的スキーマの活用の際にも色濃く反映されることになるのである．

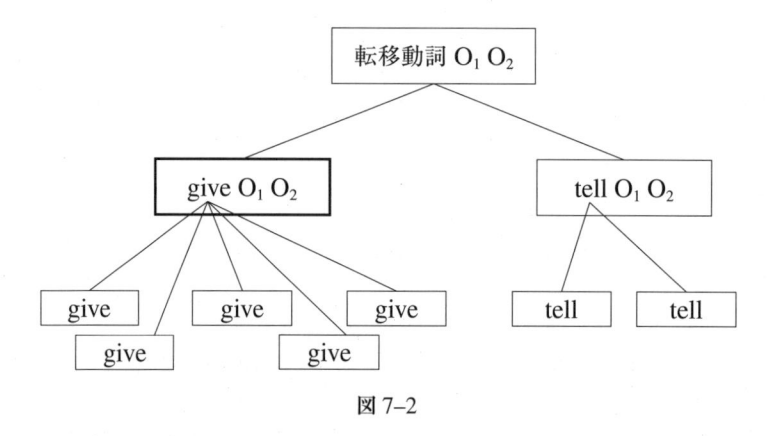

```
                    転移動詞 O₁ O₂
                   /              \
            give O₁ O₂           tell O₁ O₂
           / |    | \            /      \
        give give give         tell    tell
          give  give
```

図 7-2

　このように，構文スキーマの意味は，その構文形式で頻繁に用いられる動詞の意味に率いられて獲得される．その中心となるのはたいていの場合，意味の一般性が高く，日常的にも使用範囲が広いとされる動詞である．子どもは高頻度の動詞の意味を，構文全体の意味へと移し替えて記憶し，次にはその構文形式を，もとの動詞と類似の意味を表す別の動詞に応用していくことになる．この考え方のもとでは，言語の中核をなす構文表現を生み出すことになる規則も，スキーマという形で経験の中から学ばれ獲得されることが可能である．用法基盤の考え方に基づく文法知識構築のプロセスが，今後も少しずつ明らかになっていくことと思われる．

7.8　母語話者選択の謎

　具体例を忠実に再生していた段階を経て，徐々にスキーマを獲得することで，私たちはそれをもとに新しい表現を生み出せるようになる．構文スキーマのネットワークが構築されることで，母語話者としての言語知識がしだいに形成されていくことになる．
　言語知識のネットワークの中でスキーマがもつ力は，スキーマごとに異なっており，規則であるかのように高い生産性を発揮するものもあれば，

実質的にはそれほど重要な地位を占めていないものもある．スキーマよりも，そのもととなった具体的表現の定着度が高い場合も多々ある．このように，用法基盤の考え方では，ネットワークの中に抽象度の高いスキーマと具体性の高い特定の言語表現とが，混在して存在することになる．従来，文法知識とは規則体系そのもの（またはそれを生み出す原理原則そのもの）とみなされていたが，用法基盤モデルでは母語話者の言語知識を，それよりも広いトータルな総体として捉えている．

この考え方は，「母語話者選択の謎」（a puzzle of native-like selection）として知られる問題に，1つの回答を与えることができる．母語話者は数ある可能性の中から，不思議にも他の母語話者と似たような慣習的表現を偏って用いる傾向が見られ，その結果として自然な文とそうでない文とを無意識に区別している．どのようにしてこの選別がなされているのだろうか．

たとえば遅刻をしたときの謝罪の表現として，「遅くなってすみません」を英語で何と言うだろうか．ある日本人が発した "I'm sorry to be late" という表現を聞いた英語母語話者は首をかしげ，それは文法的には正しいが不自然で，自分たちは "I'm sorry I'm late" を用いると言ったという．文法的には正しい文なのに，なぜある文は英語として不自然だと判定されるのか．外国語学習の際にこの疑問に直面することは多い．文法書に基づいて学び，実際の使用環境にさらされた経験が少ないと，「文法的だが不自然」な文を発してしまい，さらに「なぜその表現がよくないのか」を問うても，「そうは言わないから」という返事しか返ってこず，母語話者との壁を感じてしまうことが多々ある．また，次にあげる (10) と同じ情報を (11) にあげた言い方で伝えることも，文法規則に従っているかぎり，理屈上では可能なはずである（Pawley and Syder 1983, 196）．

(10)　I want to marry you.
(11)　a.　I wish to be wedded to you.
　　　b.　I desire you to become married to me.
　　　c.　Your marrying me is desired by me.
　　　d.　My becoming your spouse is what I want.

e.　I want marriage with you.
　　　f.　What is desired by me is to wed you.
　　　g.　I, who am speaking, want to marry you, whom I am addressing.
　　　h.　It is my wish that I become married to you.

しかし，いずれも自然な表現ではなく，母語話者にはけっして使われないものである．このように，母語話者が通常選択する表現は，文法規則が作り出せる可能性の中でもかぎられている．

　母語話者は文法知識として，たしかに文を生成する規則(スキーマ)をもっており，それらは無限の文を生産的に作り出せる潜在的可能性をもっているはずである．しかし現実には，母語話者はその力を完全に発揮することはなく，その可能性の一部しか用いていないのである．

　さらに，その場の状況，相手との力関係といった環境的要因も，言語表現の選択に大きく関わってくる．たとえば，窓を開けてほしいときに発する表現として，次のいずれも文法的には可能である(キーン・松浪 1969, 97)．

　(12)　a.　Open the window.
　　　b.　Open the window, please.
　　　c.　Will you / Can you open the window?
　　　d.　Would you / Could you open the window?
　　　e.　Would you mind opening the window?
　　　f.　Would you be so kind as to open the window?
　　　g.　Would you be so gracious as to open the window?

しかし，普通に窓を開けてほしいと依頼する場合に(12f)や(12g)を用いるのは，よほど特殊な状況を考えないかぎり不自然である．たとえば，映画館でスクリーンが見えないからと，何度も帽子を脱いでほしいと依頼しているにもかかわらず聞き届けてくれない相手に，いくぶん慇懃無礼になったときに使われる表現であり，通常の場面に用いるにはあまりにも大げさでアイロニカルな表現となっている(キーン・松浪 1969)．このよう

に，文法規則によって可能な表現の選択肢はさまざまあるが，そのうち実際に母語話者が使う表現は，ほんの一部にすぎないのである．では，この区別はどのようになされているのだろうか．

　Pawley and Syder（1983）は，母語話者が現実に言語を使用する場合に，文法規則などの抽象的分析に頼る以上に記憶に頼っている，つまり，かつて見聞きした表現形式を記憶の中から取り出しているのであろう，と述べている．抽象的な文法に基づいて作られる文は数多くあるが，現実の場面で最も適切に用いられる定形表現は，実はそのごく一部である．それは，母語話者のコミュニティの中で，その場面に即して好まれる表現が固定しているため，表現と場面とが併せて記憶に蓄えられており，適切な場面がきたら記憶から取り出されて用いられるということがたび重なるからだというのである．

　この考え方は，用法基盤モデルの精神と軌を一にするものである．このモデルでは，母語話者になるということを，学習を通してその言語の「使用者」になることと考えている．母語話者のもつ言語知識には，文法規則や文の配列パターンについての抽象的な知識だけではなく，具体的な表現そのものや，その表現をどのような場で用いるのが自然で適切であるかについての知識も含まれる．文法能力や文法装置を生まれながらにもっていたとしても，それだけでは母語話者となる潜在性・可能性のみにとどまり，ことばの「真の」使い手にはなれないからである．母語話者は流暢にことばを操るが，それは一朝一夕になしとげられたのではなく，数多くの表現を，その場面とともに学んできた経験を抜きにしては語れない．母語話者として，ことばの真の使い手になるためには，カテゴリー化や一般化といった認知的なメカニズムに加え，現実の文脈の中で頻繁に用いられる表現を手本として模倣（imitation）することも，けして軽視できない．そして，さまざまな複雑さ，大きさのユニットを定着させ自動化させるためには，能動的に発話を繰り返すことが重要な役割を果たすことになる．

　このような言語知識構築の「プロセス」を重視する視点は，教育のプロセスにも応用可能だと考えられる．たしかに言語の発達は個人差も大きく，その環境も一様ではない．しかし，言語は社会で共有されているもの

でもある．言語を操るために必要な知識・ネットワークを，人はどのような経過を経て構築するのか，その問いに対する答えを，用法基盤モデルでは頻度や談話上の経験といった言語外的な環境にも求めていく姿勢を見せている．この点で，このモデルは，教育という「目的」のある未来志向の行為に還元・貢献する発見や提案を行うことが，十分に可能だと思われる．どのような具体的言語データにどのくらいの頻度で接する学習経験を経れば，母語話者のもつ言語知識のネットワーク化が可能なのか，その知見を生かして，言語を操る次世代の育成に貢献することができる．

　このような考え方をとる場合，理論的には，かなり膨大な記憶量が必要であると想定しなければならない．実はこの考え方は，人間の合理性を追究してきた従来の言語学派が，排除したかったものである．膨大な記憶量が必要とされるような想定は，人間に過重な負担を強いることになり，処理にも時間がかかるため，きわめて非合理的だからである．そこで，内在的な文法能力に基づく規則に中心的役割を担わせ，それでカバーできなかったものを「しかたなく」「原始的な」方法としての記憶学習に背負わせたのである．

　たしかに，人間は忘れる動物であるし，一時的に記憶に貯蔵できる量はかぎられている．しかし，近年では記憶を単なる貯蔵庫とはみなさず，むしろ情報の保持のみならず処理をも同時に行っていく，動的性質をもつものと考えている．用法基盤モデルも，ネットワーク上の活性化という，情報処理に伴うプロセスを想定している．学習に基づき脳内のネットワーク上で新たなノードが形成され，必要なときにすぐに活性化される．経験による刺激がたび重なれば，「定着」がおこり，安定性の高い知識となる．このようなモデルでは，すべての記憶を貯蔵するという発想ではないため，記憶量の膨大さが負担になるということはなく，経験が自然な形で知識へと推移することになる．逆にいえば，従来の想定では，人間の記憶システムの機能性，柔軟性を過小評価しすぎていたと言えよう．

7.9　まとめ

　用法基盤モデルに基づく考え方では，頻度効果などに見られるように，

実際的な言語使用のレベルで具体的に見受けられる，心理的実在性をもったものを証拠として，言語獲得の研究を進めている．本章で見てきたように，いずれも地道なデータの積み重ねに基づき，子どもがそれぞれ個別の言語発達経路をたどっていくプロセスを説明する．これらの研究に共通しているのは，抽象的なカテゴリーや文法規則を最初から所与のものとして仮定するのではなく，子どもが出会う具体例からスキーマを抽出することによって，それぞれの語彙項目を中心に局所的な形で言語知識が形成されていくと考えることで，言語能力を説明する可能性を探っていることだと言える (Goldberg, Casenhiser and Sethuraman 2004, etc.)．Tomasello 自身，こう述べている (Tomasello 2003, 108)．

　　私たちの関心は，代数的な規則を編み出して，可能なかぎり美しく精緻な方法で言語データを説明するということにはない．むしろ，自然言語を実際に人間がどのように用いているのかを，最大の関心事としている．

　ただし，用法基盤モデルで研究している言語データは，言語発達の比較的初期の段階，つまり言語を立ち上げる最初の段階のものに集中している傾向があり，事実そのような批判も聞かれる．生得説に基づく言語獲得研究が重視し問題とするのは，比較的複雑な文を発するようになる，もう少し成熟した大人に近い発達段階である．そこに至るまでのプロセスを説明するのに，「スキーマ抽出」と「定着」といった道具だてで果たしてどこまで可能なのか，という疑問が残るのも事実である．この点に関しては，今後の検証を待たねばならない．

　従来，入力データは，「普遍文法に対するパラメータ設定の引き金」ということば以上の扱いがなされず，深くは追究されてこなかった．用法基盤モデルに基づく言語獲得研究では，この入力データを丹念に調べ上げ，その役割を詳細に明らかにすることに成功しつつある．今後はそこからさらに進んで，「文法知識の包括的構築」という大きな課題に正面から向き合うべき段階に入っていると言えよう．

第8章　認知言語学的手法再考

　用法基盤モデルでは，文法規則が典型的に産出する中心的用法も，そうとはかぎらない周辺的な用法も，すべてが私たちの文法知識を反映していると考え，あるがまま，用いられているがままの言語の姿をその研究対象としてきたことになる．ここまで見てきたように，この包括的なモデルは，言語を，用いられている環境とともに変化していく存在であると位置づけており，共時的研究のみならず，通時的研究，また言語獲得研究にも応用される可能性を秘めている．

　しかし，この用法基盤という考え方を推し進めていくことは，実はこれまでの認知言語学的研究に対して，再検討を迫るきっかけを与えることになるのである．20世紀後半以降の言語学研究の（すべてではないが）大半は，母語話者の言語直観判断に基づいた作例をもっぱらそのデータとして利用していた．作例に対する母語話者の言語直観を唯一の判断材料として，言語知識に対する理論を構築できると考えるのは，普遍文法の存在を前提とした生成文法的手法である．それまでは地道なフィールドワークが不可欠であった言語学の分野で，「肘掛け椅子に座った言語学者」（armchair linguist）の存在が可能になったのである．その転機となったのは「言語話者に生まれながらにして備わっている普遍文法知識を，その人が発する文法表現が反映している」，「よって，母語話者の文法判断は個別文法を，ひいては普遍文法を反映している」という考え方であった．そして，認知言語学的研究の多くも，その手法を踏襲し，同じように母語話者の直観にのみ基づいた，文脈自由のデータをもとに理論を展開してきたのである．言語の中心のみならず周辺も扱うと主張していながら，現実に

扱ってきたものは，そのほんの一部にすぎなかったということになる．用法基盤の精神を貫くのであれば，今後の研究では，扱う言語データの質だけではなく，量についても注意を払うことが求められる．

　しかし，もう1つの問題として，現実のデータと私たちの言語直観とは，必ずしも一致しているとはかぎらないことがあげられる．生成文法的立場では，現実のデータと言語直観との乖離が起こっている理由を，外界の「ノイズ」によって普遍文法のアウトプットがゆがめられているからだとみなしている．一方，用法基盤の観点では言語知識を，外界要因とも絡み合って形成されるトータルなものと考えており，またその現実のデータも，私たちの言語知識を反映するものだと考えている．この立場に基づくならば，本来はデータと直観が乖離するはずはないのであり，そのようなずれが生じているならば，何に起因するものなのか，慎重に検討する必要がある．

　以下では，認知言語学的概念と現実データとがずれてしまう例を概観し，現在の認知言語学的研究が一般にはらんでいるいくつかの問題と注意すべき点について検討していく．

8.1　頻度と母語話者直観との乖離

　語や構文などの意味のネットワークを形成する場合，従来の認知言語学では直観的に中心とみなされる意味をプロトタイプとみなし，他の意味はそれからの派生として位置づけて，放射状カテゴリーもしくはネットワーク・カテゴリーを導き出すという研究手法が定着している感がある(たとえばoverの分析に関するBrugman (1981), Lakoff (1987), Dewell (1993), Tyler and Evans (2001, 2003)の研究など)．プロトタイプであると認定するためには，1)それが最も直観を反映しており，2)頻度的にも最もよく用いられており，3)歴史的にも古いものである，といった判断基準が用いられている．

　しかし現実には，プロトタイプとして認定されるものが，このすべてを満たしているとは必ずしも言えない．たとえば，ある語や構文が実際に用いられている事例の分布と，母語話者に確認したり実際に例文を作っても

らったりした場合に得られる直観とは，ずれが生じることがある．よくあるパターンとして，前者は言語学的にもプロトタイプとされるものだが，後者は非プロトタイプとされるはずの表現に集中しているということがあげられる．

例として，英語のmake使役構文と日本語の「テイル」表現をあげてみたい．make使役は，一般にどのような状況を表す構文だとみなされているのだろうか．母語話者の直観としても，また文法書においても，まず典型的にあげられているのは，理論的立場を問わず，「人が人に強制して何かをさせる」といった，人と人との関係である．しかし，実際に母語話者が使っているmake使役構文の中で高頻度に用いられているのは，実は人から人への強制関係ではない．BNCを調べてみると，英語では無生物を主語とし，有生物に働きかける，以下のようなmake使役表現が半数以上(57%)見られることが明らかになる (Kemmer 2001)．

(1) a. The humiliation made me shudder.
　　　 b. It made me realize that, you know ...
　　　 c. a (...) struggle that did little to make the ordinary Egyptian feel that he counted

つまり，典型的・プロトタイプ的とされるものと，用いられている実態とが，一致しない現象が起こっているのである．

類似の乖離現象をもたらす日本語の例として，「サセ使役」構文があげられる．日本語母語話者に「サセ使役」の例を作るよう依頼すると，ほぼ一様に「太郎が彼女を泣かせた」のように，人から人への強制関係を表す文をあげる傾向があるが，実際のコーパス例を調査すると，むしろそのような表現は少なく，「彼女の口ぶりは興味のなさを思わせた」などのような，いわゆる無生物を主語にした表現パターンばかりに出会ったという報告がある(池谷知子氏との私信による)．

もう1つ，プロトタイプと実例とがかけ離れている例として，日本語の「テイル」の意味があげられる．「テイル」形の表す意味が何であるか，日本語の母語話者である大学生にアンケートを取ったところ，「現在進行中

という意味」だと答える人が圧倒的に多かった．一方で，同じ人々に実際に「テイル」を用いた文を作ってほしいと要請すると，「落ちている」，「倒れている」，「壊れている」といった，「結果残存」を表すテイル用法を作文する率が高かったのである（Shirai 1995）．

　以上のケースでは，プロトタイプとして直観的に母語話者があげるものと，実際の使用頻度とが明らかにずれている．つまり，一般に「プロトタイプ」とされるものは，必ずしも実際に接する言語表現から直接的に導き出されるものではなく，カテゴリーの再構築が行われ，その結果として創り上げられたものである可能性が出てくる．用法基盤モデルでは言語知識を，経験から導き出される，心理的実在性をもつものとして追究するという立場をとっているが，そこではこのような乖離が存在することは必ずしも予想されていない．結果として，用法基盤モデルが想定するプロトタイプと，一般的・直観的に想定されるプロトタイプとが異なりうる可能性も出てくる．

　では，一般的・直観的に「プロトタイプ」事例とされるものは，いったい何を反映しているのだろうか．理論的に想定されるプロトタイプの認定基準に対して，もっと注意を払う必要があるのではないだろうか．

　そもそも一般に想定されている「言語知識」そのものが，認知言語学的立場においても，生成文法的立場と同じように，かなり理想化されているという指摘もある．Hopper (2001), Thompson and Hopper (2001) は，英語のさまざまな構文パターンを談話コーパスで調査し，文法書や多くの研究で扱われている規範的・教科書的な文が，談話ではほとんど見つからず，実際にはそれとはかなり異なった形態で現れていることを実証した．たとえば，WH分裂文とは，典型的には (2) のように，wh句で始まる名詞句を主語にすえるSVC形式をとる構文と認識されている．そしてその伝達機能は主として，「wh名詞句を，所与の情報（given / presupposed information）を表すものとして背景化（backgrounding）する」こと，ひいては先行する文脈との結びつきを重視することだとされてきた（Prince 1978, etc.）．

(2) a. What we need actually is more money spent on the police.
　　b. What he's done is (to) spoil the whole thing.

しかし実際の談話データで多数見られるのは，(3)にあげているような断片的形式をもつ「変異形」であり，その機能は，先行文脈と結びつけるというよりはむしろ，「これから述べることに注意を引きつける / 態度を表明する / 適切なことばを探す」などである（詳細は Hopper (2001, 110–124) を参照）．

(3) a. …I mean what snakes or what animals try 〈pause〉 like what most animals try to do is if they have got a poisonous property is another animal attacks them they give them…
　　　　　　　　　　　　　　　　　　　　　　(Hopper 2001, 115)
　　b. Well, what I thought I might do is erm 〈laughs〉…when I go into the office I'll nut the first person I see…
　　　　　　　　　　　　　　　　　　　　　　(ibid., 117–118)

つまり，従来 WH 分裂文として規定されてきた規範的な表現は，話しことばの領域ではほとんど見られず，むしろ異なった現れ方をしているということになる．

　また，英語は一般に高い他動性を示す言語だとされているが（Hopper and Thompson 1980; 池上 1980, etc.），会話コーパスでの用法にあたってみると，他動性の低いものが圧倒的に多いことも明らかになっている（Thompson and Hopper 2001）．さらに，従来の研究が前提とする動詞の項構造を，現実の話者たちはさほど用いていないという研究結果も出ている．たとえば，remember という動詞は一般に，that 節，to 不定詞，動名詞という補文を項構造にとると想定されているが，会話コーパスにおける 399 例を調査するかぎり，これらの補文事例は 104 例（26%）にとどまり，74% がそれ以外の形式で用いられている．特に，目的語なしで，かつ主語もなく単独で用いられるケースが最も多いのが実状である（Tao 2003）．Goldberg (1995) などで研究対象とされている一般的な構文形式（結果構文，二重目的語構文など）が，人間の経験の基本となる事態場面を

表すものであるという根拠づけがなされている一方で，会話データではそのような構文はほとんど用いられていないという現実が浮き彫りになっている．

　このように，会話・談話という話しことばのジャンルと書きことばのジャンルとでは，異なるプロトタイプが導き出せてしまう．実際に用いている表現と，知識として知っていると考えている表現とが，まったく乖離してしまっているのである．このようなずれについての認識が，具体例や周辺例をも等しく研究対象とすると謳っている認知言語学の分野で，まだまだ欠けているように思われる．

　生成文法理論では，自らの研究対象を「真空状態の」，つまり現実の環境によって乱されたり歪められたりする「以前の」文法能力に限定している．そのため，会話データと文法能力との乖離が見られるのは，前者が必ずしも後者を反映するものではなく，まさに環境によって歪められた実態である可能性が高いからだ，ということになるだろう．しかし，文法知識が反映する中核的な表現と周辺的な表現とに分けることを潔しとせず，トータルに扱うと謳う認知言語学的立場，および用法基盤モデルでは，このような方便は通用しない．

　話しことばと書きことばのギャップを橋わたしする可能性として Hopper (2001, 124–127) は，会話データが先に存在し，それを「文化的」に修正し「理想化」したものが，従来の研究対象となる規範的構文だ，と考える．従来からの書きことばを中心とした言語観と実際の会話データとが相容れないという事実を捉えるには，〈中心と周辺〉をもたらすプロトタイプ・モデルではなく，むしろ家族的類似（family resemblance）という観点から言語を考察するほうが，実状を正確に捉えられるのではないかと示唆している．

　いずれにしても，書きことばだけを偏重した研究が多い中で，これからは談話分析の立場からも，従来の言語研究のあり方やカテゴリーにおけるプロトタイプ設定に関して，再検討と見直しをはかる必要がある．

8.2 プロトタイプと獲得順序との乖離

次に，プロトタイプと言語獲得順序との乖離も，理論的に問題となる．プロトタイプとされる用法は，母語話者にとって基本かつシンプルと理解される意味を担うのが一般的であるため，理論的予測としては最も獲得がしやすく，周辺的・派生的と位置づけられる用法は，獲得される時期も遅くなるはずである．しかしながら，現実には予測に反して，プロトタイプが必ずしも早期に獲得されないというデータもある．

たとえば，英語の前置詞がどの用法で子どもに最初によく用いられたか，その事例を CHILDES データベースで調査したところ，最も早期に用いられた事例は，通例プロトタイプとされる具体的，空間的，意味的にわかりやすいものとは異なっている (Rice 1999, 2003)．たとえば，to はまず to 不定詞として用いられ，次に目的格標示，句動詞の一部，そして与格表現の順番であった．at に関しては，まず連語 look at，次に at meal-time, at the same time などが早期に出現するが，空間的用法としての at はなかなか出現しない，という結果が得られた．同様に，子どもが前置詞 on を最初に用いるのは，句動詞 come on, keep on などの一部としてであり，従来から中心義(つまりプロトタイプ)と目されてきた場所的な意味とは，かけ離れていることが報告されている (Hallon 2001)．いずれの研究でも，プロトタイプが最も中心的な役割を果たしていて，子どもにも獲得されやすいとする一般的な想定とは，残念ながらまったくはずれた結果が得られたのである．

では，何がこのような乖離を引き起こしたのだろうか．Rice (2003) は，言語獲得における外的要因，特にまわりからの語りかけなどの入力データの重要性を指摘している．言語獲得上，子どもの身のまわりで使用頻度の高いもの，連語でよく用いられるものが先に学ばれる傾向にあるという指摘である．これが正しければ，少なくとも言語獲得の分野においては，言語内的・認知的・意味要因よりも，社会的・相互作用的な，いわば外的要因が(特に初期の段階で)重要であることを示唆している．子どもが前置詞だけを独立して学ぶことはありえず，入力情報における，まとまりを

もった語句表現の一部として学ぶ．その結果，本人は意識することなく，チャンクとしての表現の中で前置詞を発することになる．それぞれの語義を初めは「同音異義語」として，つまり互いに特に結びつきをもたない独立した語として学び，後になってその共通性に気づき，スキーマを構成してカテゴリーの再構築を行うと考えられる．

　同様に，歴史的なカテゴリー拡張の方向性と，言語獲得におけるカテゴリー習得・拡張の方向性との間にも，乖離が見られることがある．第7章7.4節で見たように，I think, I suppose などの主節表現の獲得は，歴史的には後発として出現してきたとされる発話内行為的・認識的・主観的な意味から始まっており，いわゆる字義どおりの基本的・プロトタイプ的な意味で用いられるようになるのはもっと年齢が上になってからであるということが，他の言語事例でも十分にありうるのである．

　言語獲得プロセスと歴史的意味変化プロセスとは，なぜ一致しないことがあるのだろうか．さまざまな理由が考えられるが，1つには，最初から利用可能な入力データの量が異なっているため，そもそも一致する必然性がない，ということがあげられる．歴史変化を促すのは，ある程度の言語能力を開花させた大人の使用者であり，プロトタイプから逸脱した表現を意図的に用いることも多いと考えられる．また，その逸脱表現を耳にして確信的に自らも用いることが予想されるし，結果としてその表現の実用頻度が増すため，用法拡張がなされていくという形態をとる．

　一方，子どもが言語獲得上学ぶのは，すでに存在する言語慣習である．子どもが率先して言語の創造者となることは，社会的に見てありえない．先に述べたように，子どもは1つのことばがもつ複数の意味を，拡張という形ではなく，それぞれ独立した同音異義語として別々に学習している可能性がある (cf. Rice 1996, 2003, etc.)．そして後にスキーマ抽出を行い，カテゴリーを再構成するのだが，その際，母語教育や外国語教育からの類推などの影響を経て，プロトタイプの組み替えも行われるのだと考えられる．同音異義語として別々のスタートを切ることからも予測されるように，結果として複数のプロトタイプが同時に共存するカテゴリーを形成する可能性もある．実際に，子ども個人個人によって語の意味カテゴリーの

獲得プロセスが異なることが，研究でも明らかになっており，用法基盤的な学習の可能性を示唆しているものと思われる．

また，結果として生じる母語話者のカテゴリー直観と実際の用法との乖離は，言語変化の1つの推進力ではないだろうか．「これが正しい用法だ」と頭でわかっていることと，実際に用いられていることとがずれているという現象は，なにも言語構文だけにかぎらない．たとえば，Lakoff (1987) のあげている［Mother］というカテゴリーは，「生物学上の母である」，「養育上の母である」，「生物学上の父と婚姻関係にある女性である」など，いくつかのICM（理想認知モデル）によって規定されている．しかし，現実には近年，このICMと必ずしも合致しない母親のトークン数が増えてきており，しだいに社会的ICMそのものが古いイデオロギー的な概念から現実の事例に即するような形に変化せざるをえなくなっている．しかし，その変化は，現実のスピードにはけっして追いつくことはないだろう．プロトタイプはもしかすると「ひと昔前」の規範を反映するスキーマであり，その意味では現実を反映しているとは言いがたい「幻想」であるかもしれず，むしろ「異端」で「周辺的」な事例こそが，新しいカテゴリーの形を牽引していく駆動者なのかもしれない．

8.3　コーパス言語学との接点

用法基盤という言語観は，コーパス言語学の分野と密接な関わりをもつ．コーパスは，具体的な文脈とともに用いられた表現事例の総体であり，その膨大な資料をたどることで，その表現事例を可能にした文法知識のあり方を遡って追究することができる．その結果として得られる文法知識のモデルは，単なる仮説にとどまるのではなく，現実に即した，心理的実在性をもつものとなる．また，コーパス資料が表している現実と矛盾しないモデルでなければならないという制約も生じることになり，言語モデルの抽象化による「行き過ぎ」をくい止めることができる．

認知言語学を標榜する多くの研究者たちは，現実に用いられた言語データを，核となる中心的・規範的なものにかぎるのではなく，周辺的なものにも目配りして分析対象とすることで，言語知識の実態に即した説明を試

みるのだという主張を，従来から掲げてきた．しかし，本章冒頭で述べたように，現実にはその多くの分析が，Chomsky によって可能となった「内省による言語直観」に基づく手法を採用しており，一部の機能主義言語学者を除いては，コーパス資料を扱ってこなかったのが現状である．そのような反省からか，認知言語学の領域においても，British National Corpus（BNC）や ICAME Corpus，CHILDES Database などを利用して，認知カテゴリーのあり方の再検討を行う研究が，近年少しずつ現れ始めている．

　コーパスによる量的分析は，用法基盤モデルの正当性・妥当性を実証的に裏づけることにもなる．例として，Rohde（2001）は，onto や through などの英語の前置詞がコーパスでどのような意味で用いられているかを，動的か静的かで分類して数え上げ，動性の指標（index of dynamicity）を産出している．この指標が高い前置詞は，その動的な意味の定着度が高く，それゆえに移動を含意する構文に用いられやすい．また，この指標が高い前置詞が，静的か動的かが曖昧な文で用いられた場合，母語話者は動的な解釈を与える傾向が強いなど，構文の意味解釈との対応関係が見られることが報告されている．また，MI-score や T-score などの，従来辞書編纂の際に用いられてきた，コロケーションの強さを測る統計処理の手法を用いて，構文が特定の語彙との強い結びつきをもっている現状を明らかにすることもできる（Stefanowitsch and Gries 2003; Gries and Stefanowitsch 2004; 滝沢 2003, 2004, etc.）．このような手法を積極的に利用することで，従来では仮説レベルに終始していたきらいのある，語彙のネットワーク・カテゴリーや構文カテゴリーのあり方を，実例に照らした形で実証的に記述することが可能になるだろう．真の意味で用法基盤モデルの立場をとるのであれば，定量的分析を無視することはできないし，コーパス言語学の分野が開拓してきた現実のデータの分析手法のノウハウも，積極的に活用していく必要がある．

　また，用法基盤モデルの考え方は，カテゴリー化の能力とプロトタイプやスキーマ，定着といった心理学的裏づけに基づく概念によって，言語知識形成を説明しようとするため，実例主義で進めてきたコーパス言語学の

分野での研究に，理論的後ろ盾を与えることになるだろう．たしかに，さまざまな人物の発話の総体としてのコーパスは均質的ではありえず，どんなにその規模が大きくなったとしても，ある意味で，雑多な性質をもつものとして否定的に捉える向きもある．しかし，現実のデータが見せる傾向・偏向のあり方は，まさにそれを発話した話者が属する共同体での言語体系のあり方そのものであり，ひいては，その共同体での話者たちのもつ言語知識を反映するものとなる．これまで見てきたように，用法基盤モデルの考え方では，ある人の発話したデータがそのまま，同じ共同体に属する他の人への入力データとなり，結果として他の人の言語知識を形成・修正し，それに基づいてまた新たな発話がなされ，再び他の人への入力となる，というフィードバックを考えている．コーパス資料での知見が，言語の現状分析のみならず，言語変化という動きをも説明し予測することにも利用可能となるという点で，用法基盤モデルの考え方はコーパス言語学の可能性を拓くものと考えられる．

　以上述べたように，用法基盤モデルの立場とコーパス言語学の立場は大変に近しいもので，互いに相補えるものであり，相互乗り入れすることで双方にとっても多大なメリットが期待される．人間の言語のあり方を，現実に即した形で総合的にモデル化し，説明し，動機づけ，かつ詳細に記述することへ向けて，協力関係を構築していくことが，今後ますます求められるだろう．

8.4　ま　と　め

　Roschによって最初に提案されたカテゴリー論は，その言語研究への妥当性が認知言語学の流れと相まって，これまでずっと主張され，さまざまな修正を経て強化されてきた．しかし，認知言語学的な言語カテゴリー研究のほとんどは，共時的な研究に集中しており，時間の流れにそった変化の研究，ことに言語獲得に関する研究は，これまで皆無に近かった．カテゴリーの形成・発展・拡張という現象は，類型論的あるいは通時的，言語獲得的側面など，さまざまな観点から再検討されるべき段階にすでにきていると言える．

また，用法基盤モデルのように，記号体系を流動的で可変的なものと考える立場に立つならば，実際に使われ発話された表現データこそ研究対象として，今まで以上に重視する必要が出てくる．用法基盤モデルの観点から言えば，現実の使用データの中から規則性をスキーマという形で取り出すことができるのであって，初めから規則が存在しているわけではない．この立場を真摯にとるならば，人間の内省・直観を信頼しての作例（constructed data）だけに基づいて言語理論を構築することができた時代は，もはや過ぎ去ったことを認識しなければならないだろう．自然の発話や表現資料を集めたコーパスを，研究資源・研究対象として積極的に使うことの重要性を，今後は今まで以上に認識しなければならなくなる．そして，書きことばなどの規範的ジャンルだけにとどまらず，談話を扱う社会言語学，言語獲得，そしてカテゴリー形成に関わる認知科学や神経モデル研究などの，広範囲の分野と連携をとって研究を進めていくべき段階に入っていくことになろう．

おわりに

　プラトンによれば，人間は生得的に，つまり生まれる前から，イデアという完全なものを知っていたという．そして，この世の不完全な美を表すものを見ることによって，このイデアを思い出すという．Chomskyの唱える言語生得説は，プラトンの想起説を下敷きにしていると考えられる．すなわち，人間は生得的に，生まれる前から，普遍文法という完全な文法体系を知っているというのである．

　しかし，プラトンが言う完全なイデアに相当する文法知識が人間に備わっているとしても，それがどのようなものなのかは，残念ながら現在のところ直接的に検証することができない．また，それが生得的に備わっていたとしても，人間がその能力を実際に使えるところにまでどのように発展させていくのか，というプロセスをたどる必要性は，十分にあると考えられる．このプロセスを，具体的事例に基づき検証できるような形で解明していこうというのが，用法基盤モデルの試みだと言える．

　認知言語学が求めるのは，現実の人間が何を知っているのか，どのような形で言語知識を抱えているのか，どのようにしてその状態に至ったのか，という実態である．たとえ人間が，純粋な言語創造装置を内在的にもっていたとしても，なんのインプットもなしにその能力が開花するわけではなく，その能力は「発達」させなければならないのだから，その学びのプロセスそのものを具体的事例に基づいて研究する意義は，十分にある．また，現実に用いられている文が，必ずしも内在的文法能力そのものを忠実に反映した発話ばかりではないのであれば，その現実をそのまま第一義的研究対象としていこう，というスタンスをとることになる．

　形式と意味のペアからなる記号単位は，最初から固定化されていたわけではない．古くから固定化されていたものもあれば，比較的最近になって

定着したもの，一時的にペアリングされたもの，そしてこれからペアリングが行われるものと，さまざまである．このように，言語記号のもつ意味と形式の対応は，時代に応じて，また個人の発達や習得レベルに応じて，可変的な性質をもっている．用法基盤モデルの考え方は，このような変化するカテゴリーを形成する言語の姿を捉えるという課題に，立ち向かおうとしているのである．

　この考え方が真に有望であるかどうかは，研究の積み重ねを待たねばならない．言語学の領域における歴史言語学やコーパス言語学，さらには隣接する学問領域である発達心理学，認知心理学，神経心理学などの諸領域との協調や共同研究による検証も，必要となる．今後の発展の成果が期待されるモデルである，と言えよう．

参　考　文　献

[略記]
BLS = *Proceedings of Annual Meeting of the Berkeley Linguistics Society*, University of California, Berkeley
CLS = *Papers from Annual Regional Meeting of the Chicago Linguistic Society*, University of Chicago

Aitchison, Jean (1987) *Words in the Mind: An Introduction to the Mental Lexicon*, Basil Blackwell, Oxford and Cambridge.
赤野一郎 (2004)「語彙研究とコーパス」『英語青年』第 149 巻第 11 号, 657–659.
Akhtar, Nameera (1998) "Learning Basic Word Order," *Proceedings of the 29th Annual Child Language Research Forum*, ed. by Eve Clark, 161–169, CSLI Publications, Stanford.
Akhtar, Nameera and Michael Tomasello (1997) "Young Children's Productivity with Word Order and Verb Morphology," *Developmental Psychology* 33, 952–965.
Armstrong, Sharon L., Lila R. Gleitman and Henry Gleitman (1983) "What Some Concepts Might Not Be," *Cognition* 13, 263–308.
麻生　武 (1992)『身ぶりからことばへ：赤ちゃんに見る私たちの起源』新曜社, 東京.
Barlow, Michael (2000) "Usage, Blends and Grammar," *Usage-Based Models of Language*, ed. by Michael Barlow and Suzanne Kemmer, 315–345, CSLI Publications, Stanford.
Baron, Naomi S. (1977) *Language Acquisition and Historical Change*, North-Holland, Amsterdam.
Barsalou, Lawrence W. (1983) "Ad Hoc Categories," *Memory and Cognition* 11, 211–227.
Bates, Elizabeth and Judith C. Goodman (1999) "On the Emergence of Grammar from the Lexicon," *The Emergence of Language*, ed. by

Brian MacWhinney, 29–80, Lawrence Erlbaum Associates, New Jersey.

Berlin, Brent and Paul Kay (1969) *Basic Color Terms: Their Universality and Evolution*, University of California Press, Berkeley.

Berlin, Brent, Dennis E. Breedlove and Peter H. Raven (1974) *Principles of Tzeltal Plant Classification: An Introduction to the Botanical Ethnography of a Mayan-speaking People of Highland Chiapas*, Academic Press, New York.

Berman, Ruth (1990) "On Acquiring an (S)VO Language: Subjectless Sentences in Children's Hebrew," *Linguistics* 28: 6, 1135–1166.

Bowerman, Merissa (1996) "The Origins of Children's Spatial Semantic Categories: Cognitive versus Linguistic Determinants," *Rethinking Linguistic Relativity*, ed. by John J. Gumperz and Stephen C. Levinson, 145–176, Cambridge University Press, Cambridge.

Brugman, Claudia (1981) *Story of Over: Polysemy, Semantics, and the Structure of the Lexicon*, M.A. dissertation, University of California, Berkeley. [Available from the Indiana University Linguistic Club]

Bybee, Joan L. (1985) *Morphology: A Study into the Relation between Meaning and Form*, John Benjamins, Amsterdam.

Bybee, Joan L. (1995) "Regular Morphology and the Lexicon," *Language and Cognitive Processes* 10, 425–455.

Bybee, Joan L. (1998) "The Emergent Lexicon," *CLS* 34, 421–435.

Bybee, Joan L. (2001a) "Frequency Effects on French Liaison," *Frequency and the Emergence of Linguistic Structure*, ed. by Joan L. Bybee and Paul Hopper, 337–359, John Benjamins, Amsterdam.

Bybee, Joan L. (2001b) *Phonology and Language Use*, Cambridge University Press, Cambridge.

Bybee, Joan L. (2003) "Mechanisms of Change in Grammaticization: The Role of Frequency," *Handbook of Historical Linguistics*, ed. by Janda Richard and Brian Joseph, 602–623, Blackwell, Oxford.

Bybee, Joan L. and Carol L. Moder (1983) "Morphological Classes as Natural Categories," *Language* 59, 251–270.

Bybee, Joan L. and Dan Slobin (1982) "Rules and Schemas in the Development and Use of the English Past Tense," *Language* 58, 265–289.

Bybee, Joan L. and Joanne Scheibman (1999) "The Effect of Usage on

Degrees of Constituency: The Reduction of *Don't* in English," *Linguistics* 37, 575–596.
Bybee, Joan L. and Sandra Thompson (1997) "Three Frequency Effects in Syntax," *BLS* 23, 378–388.
Clark, Eve V. (1978) "Discovering What Words Can Do," *CLS* 14: *Parasession on the Lexicon*, 34–57.
Clark, Eve V. (1987) "The Principle of Contrast: A Constraint on Language Acquisition," *Mechanisms of Language Acquisition: The 20th Annual Carnegie Symposium on Cognition*, ed. by Brian MacWhinney, 1–33, Lawrence Erlbaum, Hillsdale, New Jersey.
Clark, Eve V. (1993) *The Lexicon in Acquisition*, Cambridge University Press, Cambridge.
Croft, William (1993) "Case Marking and the Semantics of Mental Verbs," *Semantics and the Lexicon*, ed. by James Pustejovsky, 55–72, Kluwer Academic Press, Dordrecht.
Croft, William (1998a) "Not Revolutionary Enough," *Journal of Child Language* 25, 479–483.
Croft, William (1998b) "Linguistic Evidence and Mental Representations," *Cognitive Linguistics* 9: 2, 151–173.
Croft, William (2002) *Radical Construction Grammar: Syntactic Theory in Typological Perspective*, Oxford University Press, Oxford.
Croft, William and Allan D. Cruse (2003) *Cognitive Linguistics*, Cambridge University Press, Cambridge.
Deane, Paul (1988) "Polysemy and Cognition," *Lingua* 75, 325–361.
Dewell, Robert B. (1993) "*Over* Again: Image-schema Transformations in Semantic Analysis," *Cognitive Linguistics* 5: 4, 351–380.
Dissel, Holger and Michael Tomasello (2000) "The Development of Relative Clauses in Spontaneous Child Speech," *Cognitive Linguistics* 11: 1/2, 131–151.
Dissel, Holger and Michael Tomasello (2001) "The Acquisition of Finite Complement Clauses in English: A Corpus-Based Analysis," *Cognitive Linguistics* 12: 2, 97–141.
Elman, Jeffrey, Elizabeth Bates, Mark Johnson, Annette Karmiloff-Smith, Domenico Parisi and Kim Plunkett (1996) *Rethinking Innateness: A Connectionist Perspective on Development*, MIT Press, Cambridge,

MA.(乾敏郎・今井むつみ・山下博志訳(1998)『認知発達と生得性:心はどこから来るのか』共立出版,東京)

Fauconnier, Gilles (1997) *Mappings in Thought and Language*, Cambridge University Press, Cambridge.

Fauconnier, Gilles and Mark Turner (2002) *The Way We Think: Conceptual Blending and the Mind's Hidden Complexities*, Basic Books, New York.

Fillmore, Charles (1982) "Frame Semantics," *Linguistics in the Morning Calm*, ed. by Linguistic Society of Korea, 111–138, Hanshin, Seoul.

Francis, Nelson W. and Henry Kučera (1982) *Frequency Analysis of English Usage*, Houghton-Mifflin, Boston.

藤井聖子(2001)「構文理論と言語習得」『英語青年』第147巻第9号,536–540.

Goldberg, Adele (1995) *Constructions: A Construction Grammar Approach to Argument Structure*, Chicago University Press, Chicago.(河上誓作・早瀬尚子・谷口一美・堀田優子訳(2001)『構文文法論:英語構文への認知的アプローチ』研究社,東京)

Goldberg, Adele (1998) "Patterns of Experience in Patterns of Language," *The New Psychology of Language*, ed. by Michael Tomasello, 203–220, Lawrence Erlbaum Associates, New Jersey.

Goldberg, Adele (1999) "The Emergence of the Semantics of Argument Structure Constructions," *The Emergence of Language*, ed. by Brian MacWhinney, 197–212, Lawrence Erlbaum Associates, New Jersey.

Goldberg, Adele, Devin M. Casenhiser and Nitiya Sethuraman (2004) "Learning Argument Structure Generalizations," *Cognitive Linguistics* 15: 3, 289–315.

Gries, Stefan Th. and Anatol Stefanowitsch (2004) "Extending Collostructional Analysis: A Corpus-based Perspective on 'Alternations'," *International Journal of Corpus Linguistics* 9: 1, 97–129.

Györi, Gabór (1996) "Historical Aspects of Categorization," *Cognitive Linguistics in the Redwoods: The Expansion of a New Paradigm in Linguistics*, ed. by Eugene H. Casad, 175–206, Mouton de Gruyter, Berlin and New York.

Haiman, John (1990) "Dictionaries and Encyclopedias," *Lingua* 50, 329–357.

Haiman, John (1994) "Ritualization and the Development of Language," *Perspectives on Grammaticalization*, ed. by William Pagliuca, 3–28, John Benjamins, Amsterdam.

Hallon, Naomi (2001) "Paths to Prepositions? A Corpus-based Study of the Acquisition of a Lexico-Grammatical Category," *Frequency and the Emergence of Linguistic Structure*, ed. by Joan L. Bybee and Paul Hopper, 91–121, John Benjamins, Amsterdam.

Hart, Betty and Todd Risley (1995) *Meaningful Differences in the Everyday Experiences of Young American Children*, Paul H. Brooks, Baltimore, Maryland.

秦野悦子(編)(2001)『ことばの発達入門:入門コース──ことばの発達と障害』大修館書店,東京.

服部四郎(1979)『音韻論と正書法:新日本式つづり方の提唱』(新版)大修館書店,東京.

Hayase, Naoko (1993) "Prototypical Meaning vs. Semantic Constraints in the Analysis of English Possessive Genitives," *English Linguistics* 10, 133–159.

早瀬尚子(2002)『英語構文のカテゴリー形成』勁草書房,東京.

Heider, Eleanor Rosch (1971) "'Focal' Color Areas and the Development of Color Names," *Developmental Psychology* 4, 447–455.

Heider, Eleanor Rosch (1972) "Probabilities, Sampling, and Ethnographic Method: The Case of Dani Color Names," *Man* 7, 448–466.

Holyoak, Keith J. and Paul Thagard (1995) *Mental Leaps: Analogy in Creative Thought*, MIT Press, Cambridge, MA.(鈴木宏昭・河原哲雄監訳(1998)『アナロジーの力:認知科学の新しい探求』新曜社,東京)

Hooper, Bybee Joan (1976) "Word Frequency in Lexical Diffusion and the Source of Morphophonological Change," *Current Progress in Historical Linguistics*, ed. by William Christie, 96–105, North Holland, Amsterdam.

Hopper, Paul J. (1996) "Discourse and the Construction of Categories," *BLS* 22, 159–170.

Hopper, Paul J. (1998) "Emergent Grammar," *The New Psychology of Language*, vol. 1, ed. by Michael Tomasello, 155–175, Lawrence Erlbaum Associates, New Jersey and London.

Hopper, Paul J. (2001) "Grammatical Constructions and Their Discourse Origins: Prototype or Family Resemblance?" *Applied Cognitive Linguistics* I: *Theory and Language Acquisition*, ed. by Martin Pütz, Suzanne Niemeier and René Dirven, 109–130, Mouton de Gruyter, Berlin and New York.

Hopper, Paul J. and Sandra Thompson (1980) "Transitivity in Grammar and Discourse," *Language* 56, 251–299.

池上嘉彦 (1980)『「する」と「なる」の言語学』大修館書店, 東京.

今井むつみ (1997)『ことばの学習のパラドックス』(認知科学モノグラフ ⑤) 共立出版, 東京.

今井むつみ(編著) (2000)『心の生得性：言語・概念獲得に生得的制約は必要か』共立出版, 東京.

Israel, Michael (1996) "The *Way* Constructions Grow," *Conceptual Structure, Discourse and Language*, ed. by Adele Goldberg, 217–230, CSLI Publications, Stanford.

伊藤克敏 (1990)『こどものことば：習得と創造』勁草書房, 東京.

Jespersen, Otto (1942) *A Modern English Grammar on Historical Principles*, VI: *Morphology*, Munksgaard, Copenhagen.

Johnson, Kathy E. and Amy T. Eilers (1998) "Effects of Knowledge and Development on the Extension and Evolution of Subordinate Categories," *Cognitive Development* 13, 515–545.

Johnson, Kathy E. and Carolyn B. Mervis (1997) "Effects of Varying Levels of Expertise on the Basic Level of Categorization," *Journal of Experimental Psychology: General* 126, 248–277.

河上誓作(編著) (1996)『認知言語学の基礎』研究社, 東京.

Kemmer, Suzanne (1995) "An Analogical Model of Syntactic Change," A Paper Presented at the 5th International Cognitive Linguistic Conference, University of New Mexico, Albuquerque.

Kemmer, Suzanne (2001) "Causative Constructions and Cognitive Models: The English *Make* Causative," A Paper Read at Sophia University Seminars on Linguistics, June 13, 2001, Tokyo.

Kemmer, Suzanne (2003) "Schemas and Lexical Blends," *Motivation in Language*, ed. by Hubert Cuyckens, Thomas Berg, René Dirven and Klaus-Uwe Panther, 69–98, Mouton de Gruyter, Berlin and New York.

Kemmer, Suzanne and Michael Barlow (2000) "Introduction: A Usage-

Based Conception of Language," *Usage-Based Models of Language*, ed. by Michael Barlow and Suzanne Kemmer, 1–64, CSLI Publications, Stanford.
キーン, デニス・松浪有 (1969)『英文法の問題点』研究社, 東京.
小林春美 (1993)「アフォーダンスが支える語彙獲得」『言語』第 21 巻 第 4 号, 37–45.
小林春美・佐々木正人 (編) (1999)『子どもたちの言語獲得』大修館書店, 東京.
児馬 修 (1996)『ファンダメンタル英語史』ひつじ書房, 東京.
Krug, Manfred G. (2000) *Emerging English Modals: A Corpus-based Study of Grammaticalization*, Mouton de Gruyter, Berlin and New York.
Krug, Manfred G. (2001) "Frequency, Iconicity, Categorization: Evidence from Emerging Modals," *Frequency and the Emergence of Language Structure*, ed. by Joan L. Bybee and Paul Hopper, 309–336, John Benjamins, Amsterdam.
Kučera, Henry and W. Nelson Francis (1967) *Computational Analysis of Present-day American English*, Brown University Press, Providence, Rhode Island.
Labov, William (1973) "The Boundaries of Words and Their Meanings," *New Ways of Analyzing Variation in English*, ed. by Charles-James N. Bailey and Roger W. Shuy, 340–373, Georgetown University Press, Washington.
Lakoff, George (1972) "Hedges: A Study in Meaning Criteria and the Logic of the Fuzzy Concepts," *CLS* 8, 183–228.
Lakoff, George (1977) "Linguistic Gestalts," *CLS* 13, 236–287.
Lakoff, George (1987) *Women, Fire, and Dangerous Things: What Categories Reveal about the Mind*, University of Chicago Press, Chicago. (池上嘉彦・河上誓作他訳 (1993)『認知意味論：言語から見た人間の心』紀伊國屋書店, 東京)
Lakoff, George (1990) "The Invariance Hypothesis: Is Abstract Reason Based on Image-Schemas?" *Cognitive Linguistics* 1: 1, 39–74.
Lakoff, George (1993) "The Contemporary Theory of Metaphor," *Metaphor and Thought*, 2nd edition, ed. by Andrew Ortony, 202–251, Cambridge University Press, Cambridge.

Lakoff, George and Mark Johnson (1980) *Metaphors We Live by*, University of Chicago Press, Chicago.
Lakoff, George and Mark Johnson (1999) *Philosophy in the Flesh: The Embodied Mind and Its Challenge to Western Thought*, Basic Books, New York.
Lakoff, George and Mark Turner (1989) *More Than Cool Reason: A Field Guide to Poetic Metaphor*, University of Chicago Press, Chicago.
Lambrecht, Knud (1988) "There was a farmer had a dog: Syntactic Amalgams Revisited," *BLS* 14, 319–339.
Lambrecht, Knud (1990) "'What, me worry?': Mad Magazine Sentences Revisited," *BLS* 16, 215–228.
Langacker, Ronald W. (1982) "Space Grammar, Analyzability, and the English Passive," *Language* 58, 22–80.
Langacker, Ronald W. (1986) "An Introduction to Cognitive Grammar," *Cognitive Science* 10, 1–40.
Langacker, Ronald W. (1987) *Foundations of Cognitive Grammar*, vol. I: *Theoretical Prerequisites*, Stanford University Press, Stanford.
Langacker, Ronald W. (1988a) "An Overview of Cognitive Grammar," *Topics in Cognitive Linguistics*, ed. by Brygida Rudzka-Ostyn, 3–48, John Benjamins, Amsterdam.
Langacker, Ronald W. (1988b) "A Usage-Based Model," *Topics in Cognitive Linguistics*, ed. by Brygida Rudzka-Ostyn, 127–161, John Benjamins, Amsterdam.
Langacker, Ronald W. (1988c) "A View of Linguistic Semantics," *Topics in Cognitive Linguistics*, ed. by Brygida Rudzka-Ostyn, 49–90, John Benjamins, Amsterdam.
Langacker, Ronald W. (1990) *Concept, Image, and Symbol: The Cognitive Basis of Grammar*, Mouton de Gruyter, Berlin and New York.
Langacker, Ronald W. (1991) *Foundations of Cognitive Grammar*, vol. II: *Descriptive Application*, Stanford University Press, Stanford.
Langacker, Ronald W. (1995) "Viewing in Cognition and Grammar," *Alternative Linguistics: Descriptive and Theoretical Models*, ed. by Philip W. Davis, 153–212, John Benjamins, Amsterdam.
Langacker Ronald W. (2000) "Dynamic Usage-Based Model" *Usage-Based Models of Language*, ed. by Michael Barlow and Suzanne

Kemmer, 1–65, CSLI Publications, Stanford.

ローレンス，ウエイン（1999）「ハ行音の前の促音：現代語における/Qh/」『國語學』199, 16–27.

Lawrence, Wayne P. (2001) "The Phonology of *Zehhutyou*: A Prefix Is Born," 中右実教授還暦記念論文集編集委員会編『意味と形のインターフェイス』下巻, 967–977, くろしお出版, 東京.

Li, Ping and Yasuhiro Shirai (2000) *The Acquisition of Lexical and Grammatical Aspect*, Mouton de Gruyter, Berlin and New York.

Losiewicz, Beth L. (1992) *The Effect of Frequency on Linguistic Morphology*, Ph.D. dissertation, University of Texas, Austin.

牧岡省吾（2003）「コネクショニズムの妥当性を巡る論争の最近の動向」『児童心理学の進歩』第42号, 246–251.

Markman, Ellen M. (1989) *Categorization and Naming in Children: Problems of Induction*, MIT Press, Cambridge, MA.

Markman, Ellen M. (1994) "Constraints on Word Meaning in Early Language Acquisition," *The Acquisition of the Lexicon*, ed. by Lila Gleitman and Barbara Landau, 199–227, MIT Press, Cambridge, MA. [Reproduction of *Lingua* 92, 199–227]

Markman, Ellen M. and Gwyn F. Wachtel (1988) "Children's Use of Mutual Exclusivity to Constrain the Meanings of Words," *Cognitive Psychology* 20, 121–157.

松本　曜(編)（2003）『認知意味論』（シリーズ認知言語学入門　第3巻）大修館書店, 東京.

Michaelis, Laura A. and Knud Lambrecht (1996) "Toward a Construction-based Theory of Language Functions: The Case of Nominal Extraposition," *Language* 72, 215–247.

中右　実（1980）「テンス, アスペクトの比較」國廣哲彌(編)『日英語比較講座　第2巻：文法』101–156, 大修館書店, 東京.

並木崇康（1985）『語形成』大修館書店, 東京.

大堀壽夫（2002）『認知言語学』東京大学出版会, 東京.

岡本夏木（1982）『子どもとことば』岩波新書, 東京.

Pawley, Andrew and Frances H. Syder (1983) "Two Puzzles for Linguistic Theory: Nativelike Selection and Nativelike Fluency," *Language and Communication*, ed. by Jack C. Richards and Richard W. Schmidt, 191–226, Longman, London.

Pine, Julian and Elena V. M. Lieven (1997) "Slot and Frame Patterns and the Development of the Determiner Category," *Journal of Child Language* 18, 123–138.

Pine, Julian and Helen Martindale (1996) "Syntactic Categories in the Speech of Young Children: The Case of the Determiner," *Journal of Child Language* 23, 369–395.

Pinker, Steven and Alan Prince (1984) "Regular and Irregular Morphology and the Psychological Status of Rules of Grammar," *The Reality of Linguistic Rules*, ed. by Susan D. Lima, Roberta L. Corrigan and Gregory K. Iverson, 353–388, John Benjamins, Amsterdam.

Prince, Ellen H. (1978) "A Comparison of WH-clefts and IT-clefts in Discourse," *Language* 54, 883–906.

Pullum, Geoffrey K. (1996) "Learnability, Hyperlearning, and the Poverty of the Stimulus," *BLS* 22, 498–513.

Rice, Sally (1996) "Prepositional Prototypes," *The Construal of Space in Language and Thought*, ed. by Martin Pütz and René Dirven, 135–165, Mouton de Gruyter, Berlin and New York.

Rice, Sally (1999) "Patterns of Acquisition in the Emerging Mental Lexicon: The Case of *to* and *for* in English," *Brain and Language* 68, 268–276.

Rice, Sally (2003) "Growth of a Lexical Network: Nine English Prepositions in Acquisition," *Cognitive Approaches to Lexical Semantics*, ed. by Hubert Cuyckens, René Dirven and John R. Taylor, 243–280, Mouton de Gruyter, Berlin and New York.

Rohde, Ada (2001) *Analyzing PATH: The Interplay of Verbs, Prepositions, and Constructional Semantics*, Ph.D. dissertation, Rice University.

Rosch, Eleanor (1973) "Natural Categories," *Cognitive Psychology* 4, 328–350.

Rosch, Eleanor (1975a) "Cognitive Reference Points," *Cognitive Psychology* 7, 532–547.

Rosch, Eleanor (1975b) "Cognitive Representations of Semantic Categories," *Journal of Experimental Psychology* 104, 192–233.

Rosch, Eleanor (1977) "Human Categorization," *Studies in Cross-Cultural Psychology*, vol. 1, ed. by Neil Warren, 1–49, Academic Press,

London.

Rosch, Eleanor (1978) "Principles of Categorization," *Cognition and Categorization*, ed by Eleanor Rosch and Barbara B. Lloyd, 27–48, Lawrence Erlbaum Associates, Hillsdale, New Jersey.

Rosch, Eleanor and Carolyn Mervis (1975) "Family Resemblances: Studies in the Internal Structure of Categories," *Cognitive Psychology* 7, 573–605.

Rosch, Eleanor, Carolyn Mervis, Wayne D. Gray, David M. Johnson and Penny Boyes-Braem (1976) "Basic Objects in Natural Categories," *Cognitive Psychology* 8, 382–439.

Ryder, Ellen M. (1997) "From 'Bocere' to 'Fullbrighter': A Preliminary Investigation of the Nature and Development of Noun-Based *-er* Nominals," A Paper Presented at International Cognitive Linguistic Conference, Stockholm University.

Ryder, Ellen M. (1999) "Bankers and Blue-chippers: An Account of *-er* Formations in Present-day English," *English Language and Linguistics* 3: 2, 269–297.

斎藤純男（1997）『日本語音声学入門』三省堂，東京.

Sandra, Dominiek (1998) "What Linguists Can and Can't Tell You about the Human Mind: A Reply to Croft," *Cognitive Linguistics* 9: 4, 361–378.

Sandra, Dominiek and Sally Rice (1995) "Network Analyses of Prepositional Meanings: Mirroring Who's Mind — The Linguist's or Language User's?" *Cognitive Linguistics* 6: 1, 89–130.

Sapir, Edward (1921[1] / 1970) *Language: An Introduction to the Study of Speech*, Rupert Hart-Davis, London.（泉井久之助訳（1957）『言語：ことばの研究』紀伊國屋書店，東京 / 安藤貞雄訳（1998）『言語：ことばの研究序説』岩波書店，東京）

Sapir, Edward (1949[1] / 1985) *Selected Writings of Edward Sapir in Language, Culture and Personality*, ed. by David G. Mandelbaum, University of California Press, Berkeley.

佐々木正人（1993）「認知科学の新しい動向：エコロジカルアプローチへの招待」②，④，⑤，⑥，⑨，⑩，『言語』第22巻第2号，84–89，第4号，92–97，第5号，96–101，第6号，94–99，第9号，106–111，第10号，110–115.

Shirai, Yasuhiro (1990) "Putting PUT to Use: Prototype and Metaphorical Expression," *Issues in Applied Linguistics* 1: 1, 78–97.

Shirai, Yasuhiro (1995) "On the Internal Structure of the Japanese Imperfective Marker: An Experimental Study," A Paper Presented at the 4th Conference of the International Cognitive Linguistics Association, University of New Mexico, Albuquerque, July, 1995.

Sinclair, John (1991) *Corpus, Concordance, Collocation*, Oxford University Press, Oxford.

Slobin, Dan I. (1997) "The Origins of Grammaticizable Notions: Beyond the Individual Mind," *The Crosslinguistic Study of Language Acquisition*, vol. 5: *Expanding the Contexts*, ed. by Dan I. Slobin, 265–323, Lawrence Erlbaum Associates, New Jersey.

Stefanowitsch, Anatol and Stefan Th. Gries (2003) "Collostructions: Investigating the Interaction of Words and Constructions," *International Journal of Corpus Linguistics* 8: 2, 209–243.

杉本孝司 (1998)『意味論 2：認知意味論』くろしお出版，東京．

滝沢直宏 (2003)「現代英語におけるSOVの語順：基本型と拡張型」『英語青年』第149巻第8号，500–502．

滝沢直宏 (2004)「周辺的な構文を記述するためのコーパス利用：現代英語におけるSOV構文を例に」『英語コーパス研究』第11号，153–167．

谷口一美 (2003)『認知意味論の新展開：メタファーとメトニミー』(英語学モノグラフシリーズ 20) 研究社，東京．

Tao, Hongyin (2003) "A Usage-based Approach to Argument Structure: 'Remember' and 'Forget' in Spoken English," *International Journal of Corpus Linguistics* 8: 1, 75–95.

Taylor, John E. (1989 / 1995²) *Linguistic Categorization: Prototypes in Linguistic Theory*, Clarendon Press, Oxford.（辻幸夫訳 (1996)『認知言語学のための14章』紀伊國屋書店，東京）

Taylor, John E. (2002) *Cognitive Grammar*, Oxford University Press, Oxford.

Taylor, John E. (2003) *Linguistic Categorization: Prototypes in Linguistic Theory*, 3rd edition, Oxford University Press, Oxford.

Thompson, Sandra A. and Paul J. Hopper (2001) "Transitivity, Clause Structure, and Argument Structure: Evidence from Conversation,"

Frequency and the Emergence of Linguistic Structure, ed. by Joan L. Bybee and Paul Hopper, 27–60, John Benjamins, Amsterdam.

Tomasello, Michael (1992) *First Verbs: A Case Study of Early Grammatical Development*, Cambridge University Press, Cambridge.

Tomasello, Michael (1998) "The Return of Constructions" (Review Article and Discussion), *Journal of Child Language* 25, 431–442.

Tomasello, Michael (1999) *The Cultural Origins of Human Cognition*, Harvard University Press, Cambridge, MA.

Tomasello, Michael (2000) "First Steps toward a Usage-based Theory of Language Acquisition," *Cognitive Linguistics* 11: 1/2, 61–82.

Tomasello, Michael (2003) *Constructing a Language: A Usage-Based Theory of Language Acquisition*, Harvard University Press, Cambridge, MA.

Tomasello, Michael and Elizabeth Bates (eds.) (2001) *Language Development: The Essential Readings*, Blackwell, Oxford.

Tomasello, Michael and Patricia J. Brooks (1998) "Young Children's Earliest Transitive and Intransitive Constructions," *Cognitive Linguistics* 9: 4, 379–395.

Tomasello, Michael, Elena Lieven, Heike Behrens and Heike Forwergk (2000) "The Modular Construction of Children's Utterances," A Paper Presented at LAUD 2000 Conference in Germany.

Tottie, Gunnel (1991a) "Lexical Diffusion in Syntactic Change: Frequency as a Determinant of Linguistic Conservatism in the Development of Negation in English," *Historical English Syntax*, ed. by Dieter Kastovsky, 439–467, Mouton de Gruyter, Berlin.

Tottie, Gunnel (1991b) *Negation in English Speech and Writing: A Study in Variation*, Academic Press, New York.

Tuggy, David (1993) "Ambiguity, Polysemy, and Vagueness," *Cognitive Linguistics* 4, 273–290.

Tyler, Andrea and Vyvyan Evans (2001) "Reconsidering Prepositional Polysemy Networks: the Case of *Over*," *Language* 77, 724–765.

Tyler, Andrea and Vyvyan Evans (2003) *The Semantics of English Prepositions: Spatial Scenes, Embodied Meaning and Cognition*, Cambridge University Press, Cambridge.

Ungerer, Friedrich and Hans-Jörg Schmid (1996) *An Introduction to Cog-*

nitive Linguistics, Longman, London.

Visser, Frederik Th. (1973) *An Historical Syntax of the English Language*, Part III, Brill, Leiden.

Whorf, Benjamin L. (1956¹ / 1964) *Language, Thought, and Reality: Selected Writings of Benjamin Lee Whorf*, ed. by John B. Carroll, MIT Press, Cambridge, MA.（池上嘉彦訳（1993）『言語・思考・現実』講談社，東京）

Wierzbicka, Anna (1989) "Prototypes Save: On the Uses and Abuses of the Notion of 'Prototype' in Linguistics and Related Fields," *Meanings and Prototypes: Studies in Linguistic Categorization*, ed. by Savas L. Tsohatzidis, 347–366, Routledge, London.

Wierzbicka, Anna (1992) *Semantics, Culture, and Cognition: Universal Human Concepts in Culture-specific Configurations*, Oxford University Press, Oxford.

Wittgenstein, Ludwig (1953) *Philosophical Investigations*, Basil Blackwell, Oxford.（藤本隆志訳（1977）『哲学探究』大修館書店，東京）

やまだようこ（1987）『ことばの前のことば：ことばがうまれるすじみち1』新曜社，東京．

山梨正明（2000）『認知言語学原理』くろしお出版，東京．

索　引

あ　行

曖昧（ambiguous）　34, 35
アドホック・カテゴリー　16, 27
アフォーダンス（affordance）　59
異音 → 変異音
一時的なカテゴリー → アドホック・カテゴリー
一般性の高い意味を表すとされる動詞　170
イディオム　83, 84, 124–26, 128
イディオム表現　126
意図性をもった（intentional な）存在　155
異分析（metanalysis）　49, 123
意味の不確定性　157
意味の不確定性の問題　153
イメージ・スキーマ（image schema）　27, 65
イメージ・スキーマの変換　27
運用　114
音素（phoneme）　39, 41, 42

か　行

下位レベル（subordinate level）　22
垣根 → ヘッジ表現
学習　59, 61
拡張　117, 119, 122, 124
獲得　163
家族的類似（family resemblance）　10, 16, 18, 25, 73, 183
活性化　176
カテゴリー化（categorization）　1, 2, 61, 64, 167, 170
カテゴリー拡張　3, 33, 150
カテゴリー境界が不明瞭である（fuzzy boundary）　27
カテゴリーの可変性　15
カテゴリーの境界　28
カテゴリーの境界線　12
カテゴリーへの帰属度　12, 16, 17, 19
還元主義　54, 56
慣用表現　124
儀式化された行為（ritualized behavior）　77
疑似モーダル　145, 147, 149, 150
規則　71
規則活用　85, 86, 89, 106, 107
規則活用接辞　103
規則変化　87
規則変化動詞　103
起点志向的（source-oriented）　72
起点領域（source domain）→ ベース
基本レベル　23, 24
基本レベル・カテゴリー（basic level category）　22, 23
基本レベル効果（basic level effect）　22
逆（形）成（back formation）　112
鏡像性（iconicity）　147
共通属性　7, 8, 19
共同注意（joint attention）　154, 157
強変化動詞（strong verbs）　108
経験説　76, 152
経済性（economy）　147
結果志向性　146
原形不定詞　90–92, 140–43
言語獲得　151, 152, 154, 160, 165, 167, 170
言語変化　102

［207］

語彙獲得に関する制約　153
高次の類似性　111
高次レベルの類似性　111
合成（composition）　64, 68
行動主義的な学習説　154
構文カテゴリー　139, 142, 150
構文スキーマ　135, 137, 171
構文スキーマの意味　172
構文スキーマの獲得　170
構文スキーマのネットワーク　172
構文の意味　138
「構文の島」仮説　164
構文の成立　142
古英語期　91, 92
古典的カテゴリー観　5, 11, 21
古典的カテゴリー論　7, 8, 9, 14, 17, 18
コーパス言語学　186, 188
コーパス資料　186
コロケーションの強さ　187
混成　122
混成語　120, 122
混成の　121

さ　行
再分析　112, 114, 122
使役動詞　140
色彩語　12, 13
刺激の貧困（poverty of stimulus）　54
刺激の貧困説　57, 58
自動詞スキーマ　170
事物カテゴリー制約　153
事物全体制約　153
社会・語用論的理論　154
縮約　149
縮約効果（reduction effect）　98, 101, 147
縮約効果と意味変化　100, 101
上位レベル（superordinate level）　22
焦点色　13
生得説　76, 152

生得的な制約　154
生得的な装置　153
処理の自動化（automatization of processing）　99
心的態度　144–46, 163, 166
スキーマ（schema）　3, 41, 65, 71, 103–5, 107–11, 118, 122, 124, 127, 128, 133, 135, 138, 142, 146, 147, 151, 164, 165, 167, 169, 170, 172, 174, 185–87
スキーマ抽出　142, 167, 169, 185
「スキーマ」に基づくカテゴリー化　30
スキーマの定着度　167, 169
スキーマのもつ結果志向性　147
生産性（productivity）　103, 105, 107, 124, 129, 168
生産性効果　138
節点 → ノード
相互排他性制約　153
創発　75, 76, 122, 144
創発構造　77
相補的な分布（complementary distribution）　40
促音　46, 49, 50
属性レベルの類似性　111

た　行
タイプ頻度　79, 81, 103–5, 107, 108, 135, 138, 150, 167
多義（polysemy）　33, 35, 36
多義性　35
ターゲット　110
他動詞スキーマ　168, 170
他動性　182
単義（monosemy）　33
単義性　35
知覚することはふれること（PERCEPTION IS TOUCHING）　119
知覚動詞　140, 141, 143, 144
知覚動詞構文　142
チャンク　83, 84, 100, 126, 185

中英語期　91, 92
抽出　127
抽象化（abstraction）　64, 67
定着（entrenchment）　64, 65, 67, 105, 109, 124, 169, 187
定着度　37, 79, 80, 87, 89, 94, 96, 102–5, 107, 114, 122, 124, 141, 142
テイル　180
伝達意図　154, 155, 157
伝達意図の理解　155
伝達慣習　156
同音異義語　185
同音異義性　35
統合変異音（combinatory variant）　40
統語的組み合わせ　164
動詞の島　164
「動詞の島」仮説（Verb-Island Hypothesis）　158, 160, 161, 164, 169
「動詞の島」現象　160
動性の指標（index of dynamicity）　187
特殊拍スキーマ　51
トークン頻度　79, 81, 82, 93, 101, 102, 105, 107, 122, 135, 146, 164, 165, 167
トップダウン　54
トップダウン式　56

な　行
二重目的語構文　136–39, 142, 150
二重目的語構文カテゴリー　137
入力データ　167
認知的際立ち　37
認知ドメイン（cognitive domain）　20
ネットワーク　35, 39, 69, 107, 173, 176, 179
ネットワーク・モデル　38, 39, 41
ネットワーク論　36
能力　114
ノード（node）　32, 68, 176

は　行
漠然（vague）　34
パースペクティヴ　156–58
派生接辞が創発　122
撥音　43–45, 50
パラメータ（parameter）　55
パロディ　125, 127
比較（comparison）　64, 67
肘掛け椅子に座った言語学者　178
氷結　124, 126
頻度（frequency）　65, 66, 78, 80, 86, 89, 96, 102, 114, 149
頻度効果　95, 96, 140
ファジー（fuzzy）である　12
不規則活用　85, 86, 89, 106–8
不規則変化　87, 105
複合語形成　117
複合名詞の -er 形　113
不確かさ　102
不定詞　92
普遍文法（Universal Grammar）　55, 62, 151, 153
フレーム（frame）　20
ブレンディング　122, 126
プロトタイプ（prototype）　3, 17, 69, 70, 118, 124, 179, 181, 183, 184, 186, 187
プロトタイプ・カテゴリー　17, 137
プロトタイプ・カテゴリー観　5
プロトタイプ・カテゴリー論　5, 17
プロトタイプ効果（prototype effect）　19–21, 33
「プロトタイプ」に基づくカテゴリー化　30
プロトタイプの組み替え　185
文化学習　156
分析可能性（analyzability）　66, 82
ベース　110
ヘッジ表現（hedge）　13, 14, 19
変異音　39, 40, 44
放射状カテゴリー（radial category）

25, 28
放射状カテゴリー・モデル　28
母語話者選択の謎　173
保守化傾向　96
保守化効果　93, 97
保守的　168
保守的学習　167
ボトムアップ式　109

ま　行

まとまり → ユニット
ミニマリズム（極小主義）　54, 55
無声阻害音（voiceless obstruent Consonant: $^{vl}C^{obs}$）　47, 49
メタファー（metaphor）　27, 119
メタファー的な拡張　119
メトニミー（metonymy）　27
目標領域（target domain）→ ターゲット
モーダル表現　146, 149
模倣　175

や・ら　行

有声阻害音（voiced obstruent Consonant: $^{v}C^{obs}$）　47, 50
ユニット（unit）　66, 82, 84
用法基盤モデル（Usage-Based Model）　30, 62, 78, 107, 115, 128, 135, 144, 151, 152, 158, 164, 175, 187
理想認知モデル（Idealized Cognitive Model: ICM）　20, 26, 186
類似性　110
類似性に基づく拡張　142
類推（analogy）　61, 109–12, 140, 150
類推に関わる類似性　110
類制約 → 事物カテゴリー制約
連合（association）　64

A ～ Z

be supposed to　100
CHILDES　162, 170, 184, 187
COBUILD　131
do 使役　92
don't 縮約　101
-er 接辞　113
-er 名詞　112
「-erati」名詞表現　120
have 構文　142, 165
ICM → 理想認知モデル
make 使役構文　180
no 否定形式　97
no を用いる否定形式　97
not を用いる否定形式　97
SVO 語順スキーマ　168
to 不定詞　90, 92
way 構文　130, 131, 133–35, 150

〈著者紹介〉

原口庄輔（はらぐち　しょうすけ）1943年生まれ．明海大学外国語学部教授．

中島平三（なかじま　へいぞう）1946年生まれ．学習院大学文学部教授．

中村　捷（なかむら　まさる）1945年生まれ．東北大学名誉教授．

河上誓作（かわかみ　せいさく）1940年生まれ．神戸女子大学教授．

早瀬尚子（はやせ　なおこ）1967年大阪府生まれ．大阪大学大学院文学研究科博士後期課程中退．博士（文学）．現在，大阪大学大学院言語文化研究科准教授．著書：『英語構文のカテゴリー形成』（勁草書房，2002），"The Role of Figure, Ground, and Coercion in Aspectual Interpretation"（*Lexical and Syntactical Constructions and the Construction of the Meaning*, John Benjamins, 1997）など．

堀田優子（ほりた　ゆうこ）1968年富山県生まれ．大阪大学大学院文学研究科博士後期課程修了．博士（文学）．現在，金沢大学人文学類准教授．著書：『認知言語学の基礎』（共著，研究社，1996）．論文："English Cognate Object Constructions and Their Transitivity"（*English Linguistics* 13, 1996）など．

英語学モノグラフシリーズ 19
認知文法の新展開
カテゴリー化と用法基盤モデル

2005年7月30日　初版発行　　2009年5月20日　2刷発行

編　者　原口庄輔・中島平三
　　　　中村　捷・河上誓作

著　者　早瀬尚子・堀田優子

発行者　関戸雅男

印刷所　研究社印刷株式会社

KENKYUSHA
〈検印省略〉

発行所　株式会社　研究社
https://www.kenkyusha.co.jp

〒102-8152
東京都千代田区富士見 2-11-3
電話　（編集）03(3288)7711(代)
　　　（営業）03(3288)7777(代)
振替　00150-9-26710

ISBN 978-4-327-25719-4　C3380　　Printed in Japan